销售口才与实用技巧

卫峰◎编著

国家一级出版社 中国纺织出版社 全国百佳图书出版单位

内容提要

口才作为销售人员的营销利剑，往往能提升销售人员业绩。销售口才，不仅关乎销售员本身，更关乎企业和顾客的利益。

本书针对销售员在销售过程中的赞美、提问、倾听、寒暄、报价、引导等诸多方面作了详细的阐述，深入浅出地论证了口才对于销售人员的重要性。本书通过日常销售案例及理论分析，总结出成功销售人员必备的销售口才技巧，供诸君参阅学习。

图书在版编目（CIP）数据

销售口才与实用技巧 / 卫峰编著. —北京：中国纺织出版社，2018.8（2019.3重印）
ISBN 978-7-5180-5188-5

Ⅰ.①销… Ⅱ.①卫… Ⅲ.①销售—口才学
Ⅳ.①F713.3②H019

中国版本图书馆CIP数据核字（2018）第140923号

责任编辑：闫　星　　特约编辑：李　杨　　责任印制：储志伟

中国纺织出版社出版发行
地址：北京市朝阳区百子湾东里A407号楼　邮政编码：100124
销售电话：010—67004422　传真：010—87155801
http：//www.c-textilep.com
E-mail：faxing@c-textilep.com
中国纺织出版社天猫旗舰店
官方微博http://weibo.com/2119887771
三河市宏盛印务有限公司印刷　各地新华书店经销
2018年8月第1版　2019年3月第2次印刷
开本：710×1000　1/16　印张：13
字数：155千字　定价：39.80元

前言 Foreword

销售，是企业组织针对社会需求，面对市场竞争，在市场调查论证的基础上，为促进商品流通而进行的营销活动。在西方有一句名言：“没有销售，就没有企业。”可见销售对于企业的重要性。

销售最需要的就是好口才，销售的奇迹80%是由口才创造的。比如，广为人知的乔吉拉德，从小有口吃的毛病，但他后来练就了卓越的销售口才。因为出色的口才以及灵活的技巧，他成为吉尼斯世界纪录大全认可的世界上最成功的推销员。从1963年至1978年，他共推销13001辆雪佛兰汽车，连续12年荣登世界吉尼斯记录大全世界销售第一的宝座，他所保持的世界汽车销售纪录——连续12年平均每天销售6辆车，至今无人能破。所以，掌握销售口才至关重要。

俗话说：“买卖不成话不到，话语一到卖三俏。”可以说，销售员是靠嘴巴吃饭的。自销售之初，口才就是必不可少的媒介。从接近客户，到开始销售洽谈，一直到合作关系的建立，都需要销售员利用出色口才创造良好的氛围，与客户建立良好关系。在销售过程中，销售员只有作出良好的产品介绍，才能让顾客接受和认可产品和服务的价值，而这一切都要依靠口才来实现。当客户有异议时，依然需要销售员通过良好的口才去化解对方的顾虑，从而促进交易的成功。对销售员来说，通过良好的口才，可以激发顾客合作意愿，从而促进合作。所以，一名出色的销售员一定有出色口才，只有出色的口才，才能够让顾客感受到销售员的个人魅力，从而乐意购买产品和服务。

成功的销售，不仅是推销产品，更是推销自己。出色的口才不仅能够充分地展示一名销售员的个人魅力，同时还能够给自己的顾客带来愉悦的享受。凭借出色的口才，销售员可以与顾客建立信任感，赢得顾客的好感。一旦顾客认可了销售员，那么销售产品便完全不存在问题。销售口才是一门艺术，想要练就销售口才，首先要掌握讨顾客喜欢的说话方式，了解与顾客的关系，了解顾客在想什么，然后投其所好，以顾客能够接受的、容易喜欢的方式来跟他们说话，这样自然就可以轻松搞定一切顾客。

编著者

2018年4月

目录 contents

第1章　销售口才，一分钟打动顾客心……001

做销售，会说话很重要……002

自己对产品有信心，才能赢得客户信任……004

打消客户疑虑，让成交变得更简单……007

利用产品优势吸引客户……009

第2章　赞美话术，战无不胜的销售力量……013

赞美要具体，切不可浮夸……014

赞美，是销售成功的最短距离……016

委婉赞美，赢得客户好感……019

赞美富于新意，让顾客体会到你的诚意……021

第3章　倾听话术，认真聆听顾客的心声……025

全面倾听，才能更了解客户……026

适时倾听，促进销售成功……028

专注倾听，激发客户深入沟通的欲望……031

倾听过程中抓住销售的最佳时机……034

第4章 销售提问，顺畅沟通的敲门砖……037

问对方感兴趣的话题……038
通过提问了解顾客的购买能力……041
善于把握提问分寸，避免给顾客造成压力……044
提出让顾客轻松回答的问题……047
好的提问会让顾客保持好情绪……049

第5章 寒暄话术，良好的铺垫助沟通……053

适时寒暄，拉近与陌生客户的距离……054
话家常，快速提升你的亲和力……056
业务客套话，化解尴尬气氛……059
利用寒暄的语言艺术，维系老客户……061
避开销售客套话禁忌……064

第6章 销售话术，说顾客喜欢听的话……067

打动客户，声音必须有感染力……068
销售的话不在多，而在于恰到好处……070
善用修辞艺术，成就销售高手……073
用对表情，影响客户作出购买决定……076
沉默，也是一种销售艺术……079

第7章　话术雷区，掌控语言的分寸感……083

从容不迫，销售需要多一些耐心……084

礼貌用语，体现对顾客的尊重……086

避实就虚，回答问题不必太全面……089

长话短说，忌讳废话连篇……091

信守承诺，但不轻易许诺……094

第8章　销售技巧，变幻无常的心理战……097

适当使用激将法，迫使顾客作出决定……098

投其所好，抓住顾客的心……100

设置悬念，激发顾客的好奇心……103

借用真实案例，增强产品说服力……105

第9章　销售拓展，打造有效销售人脉圈……109

联系亲朋好友，让其成为忠实客户……110

注重服务与维系，提升老客户转介绍率……112

分析顾客需求，挖掘潜在客户……116

深度挖掘老客户身后的人脉资源……118

通过塑造好口碑，让老客户主动宣传产品……121

第10章　销售约访，成功约见陌生客户……125

应对客户说“没时间”的约访话术……126

如何通过电话约客户见面……128

应对客户以“路太远”为借口的灵巧话术……131
掌握沟通主动权，别给客户太多选择……134
打好“语言太极”，模糊话语焦点……136

第11章　拜访话术，促进销售成功的基础……139

拜访客户，适当随意一些……140
拜访客户时应该说些什么……143
巧妙为下一次拜访埋下伏笔……146
目的性不要太强，先跟客户做朋友……148
留心观察，找客户感兴趣的话题……151

第12章　开场话术，利用首因效应的魔力……155

吸引客户的与众不同的开场白……156
面对中老年顾客，多拉家常……159
经典开场白销售话术……162
用真诚的心，打动每一位顾客……164
善于用热情感染客户……167

第13章　产品介绍，刺激顾客的购买欲望……171

别泛泛而谈，突出产品最大卖点……172
善用专业术语，提升顾客的信任度……174
作好产品描述，挖掘产品卖点……177
列举数据，让产品更具说服力……179
通过适当比较凸显产品竞争优势……182

第14章　互信建立，快速提升顾客的信任度 ······185

主动打消客户关于产品的疑虑 ······186

了解客户的真实需求，有助于打开其心结 ······188

不要马上否定客户的异议 ······191

利用其他客户的真实案例打消新客户的疑虑 ······193

参考文献 ······197

第 1 章

销售口才，一分钟打动顾客心

销售员都知道，销售是靠嘴吃饭的，开口说话是说服客户、取得销售业绩的前提条件。但现实销售中，有一些销售新手和缺乏信心的销售员在销售中总是消极被动，不敢开口，而最终结果要么是业绩不佳，要么是放弃销售工作。所以，在销售界，人们常说，敢说才敢卖，如果开不了口，销售将无从谈起。所以，作为销售员，无论推销的是什么，你都要相信你的产品，相信你的公司，相信自己，大胆地开口，这样才能在推销的时候把这种积极的情绪传达给客户，并感染客户。

做销售，会说话很重要

销售员都知道，销售是靠嘴吃饭的，开口说话是说服客户、取得销售业绩的前提条件。但现实销售中，有一些销售新手和缺乏信心的销售员在销售中总是消极被动，不敢开口，而最终结果要么是业绩不佳，要么是放弃销售工作。所以，在销售界，人们常说，敢说才敢卖，如果开不了口，销售将无从谈起。

销售情景：

老李自20岁起就开始从事礼品销售的工作，到现在已经有20年了。20年的时间让他从一个对销售一无所知、遇到客户都怯生生的新手成长为一名顶尖的销售员，他清楚地记得自己第一个月的销售业绩是零，但是现在他每个月的销售业绩可以达到几十万元，他现在已经是公司的业务经理了。每次在培训公司的销售员时，老李总会说这样一番话："大家都知道，我曾经对销售一无所知，第一个月的业绩为零，我害怕和客户说话，害怕客户会不购买我的产品，越是害怕，我越是不敢说话，一开口就会语无伦次。但后来，我告诉自己，一定要成为最顶尖的销售员，我会成功的，以后不管遇到什么样的客户，我都要尝试着与其沟通。"

"那是第一次，我将产品推销出去。那天，我主动与一位女顾客说话，为了引起她的注意力，我顺手举起剃须刀说：'你要剃须刀吗？'她用奇异的眼光看了一下说：'啊？剃须刀？你有没有搞错啊！我又没有长胡子，要剃须刀干吗啊！'我微笑着看了她一眼，然后右手拿起手上的剃须刀，轻轻地放在桌面上，然后又轻轻地动一下桌面上的剃须刀，接着深情地对她说：'哪！剃须刀是男人三大宝之首,每个成年男士都要剃胡子的，六月十九日是父亲节，就快到了，你想象一下，六月十九日那天，当你爸爸收到这份礼物时那开心的样子，你喜不喜欢？'‘是啊，我怎么没想到呢？'结果，这位女士很爽快地买下了我的剃须刀。自从这件事之后，我自信多了，我感受到了主动开口为自己带来的益处。在这里，我也想告诉大家，做销售一定要敢说，如果你不愿意开口，就不要做销售。”

分析：

老李说得很对，要想成为顶尖的销售员，大方、勇敢、主动地说是第一步，越是恐惧，越是害怕，越是会出现以下几种状况。当你面对客户准备介绍产品时，勇气不翼而飞，大脑一片空白，畏畏缩缩无法开口，即使开了口，也是手心冒汗、声音发颤、语无伦次。或者当你拿起电话打给陌生客户时，不知道该说什么，即便说了也语无伦次、磕磕绊绊。陌生拜访时不敢敲客户的门，敲开了也神色紧张、不知所云……这些都是心理上的恐惧导致的。

要知道，客户总是喜欢和大方、健谈的销售员谈话并做生意，而不可能对那些说话、行为扭捏的销售员有好印象。那么，作为销售员，你该如何克服自身恐惧，敢于主动开口呢？

1. 作足准备，减轻心理负担

作足准备是减轻恐惧感的最好方法，可以从以下四个方面做起。设想见面第一句话跟客户说什么，客户会有什么疑问，你该如何回答这些疑问，如果客户拒绝你该怎么办等。

2. 多作心理暗示，鼓励自己

事实上，心理状态良好与否主要还在于销售员自己。在销售过程中，不要让自己的心情被客户的表现所左右，无论客户的情绪怎样，要始终保持良好的销售礼仪和销售态度。在内心多作自我鼓励，相信自己一定能做到，这样，你表现出来的精神状态就是自信的，也会在无形中为产品加分。

3. 锻炼在众人面前说话的能力

通常情况下，人们在面对很多人的时候会表现得更为紧张和不安，因此，销售员不妨练习在众人面前自如地说话。交谈的内容多以轻松的话题为主，这样可以大大提高销售员与客户交流的勇气。

4. 给自己难度，挑战自己

推销看似不可能销售出去的产品也是能让销售员克服恐惧的一种方法。比如，销售员可以选择一个时间，规定自己要向男士推销女士内衣，这看似不可能成功，但一旦成功了，销售员内心就会受到极大鼓舞。销售员会想：推销看似不可能销售出去的产品我都有勇气进行下去，那么，在面对准客户时，还有什么不行的呢？

因此，销售员如果想完成推销工作，提高销售业绩，就必须摆正心态，克服恐惧心理，争取做到心无杂念，让自己彻底放松，时常鼓励自己，然后信心百倍地与客户沟通。

自己对产品有信心，才能赢得客户信任

销售员都知道，工作的最终目的就是要把产品推销出去。但销售行业是与人打交道的行业，人与人交往，就要将心比心。作为销售员，无论推销的是什么，你都要信任自己推销的产品，这样才能在推销的时候把这种积极的情绪传达给客户，并感染客户。试想，如果销售员都对自己的产品和为客户提供的服务没有信心，又怎能让客户产生购买信心呢？

而现实销售中，一些销售人员在听到客户质疑产品质量或者对产品有某些不满时，就开始把推销失败的原因归结为产品质量低下，这样做是不对的。要知道，在竞争激烈的现代商业社会，产品也越来越同质化，同类产品在功能、质量、性能上有什么大的区别？没有！产品既然已经获得各方面的认证，就是合格产品，也是公司最好的产品，一定可以找到消费

者。因此，在整个推销过程中，销售员都不能对产品产生怀疑，而是要相信自己推销的产品是优秀产品之一，这样销售员的表运才会让客户深信不疑。

销售情景：

小李是一名化妆品推销员，她所销售的品牌并不是什么名牌，但销量一直很好，这是因为她有一个销售秘诀：她自己就是这种化妆品的忠实客户，每次有新产品上市，她总是第一个购买，在试用完产品后，她会记下自己使用的感受，然后与客户们分享。所以，大家都愿意相信她，从她那里购买化妆品。

有一次，公司来了一位女士想要购买一套护肤品，小李劝了半天，对方还是担心产品的质量："现在的化妆品质量太没有保障了，化学成分太多。"此时，小李明白，要想说服这位客户，就要拿出最有力的证据。于是，她从包中拿出自己已经使用了一半的产品，对客户说："您没接触过我们的产品，担心产品的质量，这一点，是可以理解的。我们公司正是考虑到这一点，所以，公司的每一位销售员都是产品最忠实的客户，您看，这就是我每天使用的眼霜……我们公司的女销售员们每天都这样忙碌地工作，皮肤还是不错。所以，请相信我们产品的质量。"

"嗯，你说得没错，我看你的皮肤也很好，我相信你，一个喜爱并相信自己产品的销售员，我又有什么理由不相信呢？"

分析：

案例中，销售员小李之所以能打消客户顾虑，将产品推销出去，在于她能"以身试用"，用自己的切身感受来打动客户。

现实销售中，一些销售员常将业绩不好归咎于产品自身，如产品质量、性能等，而实际上他们自己也知道，同样的产品，有的销售员不能销售出去，而其他销售员却可以。这一点告诉人们，业绩的好坏主要取决于主观条件，而不是客观条件，销售员要始终对自己推销的产品充满信心。倘若销售员自己都没信心，客户是无法产生信任感的。而那些对产品满怀信心，对公司、对自己充满信心的销售员从心态上就能感染客户，让客户看到销售员和产品的实力，从而产生购买欲望。那么，销售人员如何才能树立对产品的信心呢?

1. 筛选好产品，保证推销的产品的质量

产品最终是要推销给客户的，产品的质量好，才是树立好口碑的前提。如果将假冒伪劣产品或者有问题的产品卖给客户，那么，最终会自断财路，甚至惹上麻烦。

所以，销售员在推销产品前，一定要对同类产品进行筛选，要选择优质的产品。因为产品质量始终是销售成功的前提，只有质量信得过的产品才是销售人员增加收入和高效销售的保证。如果产品无法为客户提供利益与价值，那么即使是世界上最优秀的推销员也不能保持持续的销售额。

2 .热爱产品，“以身试用”

要知道，客户几乎无法拒绝真正热爱自己产品的人，因为这些人真诚，会把自己的试用经验与客户分享，他们用行动给客户最好的证明。

所以，如果销售人员能和案例中的这位化妆品销售员一样，能购买和使用自己推销的产品，就能在无形之中增加客户对产品的信心。

3. 多使用正面、积极的语言

销售员在与客户交谈的过程中，言辞间尽量不要传递消极、负面的信息，而应该尽量使用积极正面的语言，并不断鼓励客户尝试。

比如，当顾客表示某种儿童食品价格过高时，可以这样正面解释产品贵的原因：“孩子的健康是最重要的，这是我们公司的原则，所以我们的食品都是经过各种食品机构检验了的，质量非常有保障。”

总之，销售员在推销前，一定要先对自己推销的产品充满信心，这样才能让客户对产品建立信心。只有当自身对产品坚信不疑时，销售员才能一举攻破客户的“心防”。

打消客户疑虑，让成交变得更简单

对于销售员来说，信任的达成是销售成功最为关键的一步。通常情况下，客户对那些说话言辞中肯、措辞严谨有致的销售员更容易产生信任感。因为语言是思想的外衣，一个人是否沉稳，是否值得相信，是可以通过语言来观察的。所以，在销售的过程中，一定要使用妥当的销售语言，绝不用那些模棱两可的词，这样才能有效降低客户对产品的疑虑。

销售情景：

某纸制品厂的销售员去一家连锁餐厅的总部推销，因为使用一次性纸餐具是大势所趋，所以客户表现出极大的兴趣，双方沟通很愉快，但正当客户准备签约购买时，客户突然想起了一个问题，就随口问销售员："你们的这些纸盒和纸杯分别能承受的食品的温度是多少？"

"听我们同事说，这种纸盒盛食物的时间应该不能超过12个小时，时间太久可能会出现漏汤和漏油的现象。纸杯应该也只能盛不超过80度的饮料，不然可能会变软和破损。"

客户一听，马上改变了意见，对销售员说："不好意思，我觉得这次购买计划还是要和餐厅的负责人商议一下，有了答案我会通知你的。"

结果可想而知，这笔生意就这么泡汤了，那家餐厅并没有打电话给这位销售员。

分析：

这位销售员的推销经历再次向我们证明一点：销售人员在实际工作中若不多加注意自己的语言，往往会"祸从口出"。销售员在与客户沟通的过程中，只有向客户传达正面、积极、肯定的信息，才有可能让客户相信你，而案例中的这位销售员在回答客户问题时，却接连使用"听同事说""可能""应该"等模棱两可的词语，继而让原本对产品很感兴趣甚至决定购买的客户对产品产生了质量上的疑虑，最终放弃购买。

那么，作为销售员，你该如何在销售中修饰自己的语言，取得客户的信任呢?

1. 陈述简洁，不可啰唆

简洁的语言最容易让人理解，也最有力，容易让人信任，所以语言简洁是对销售陈述的基本要求。在沟通时，销售员要想获得客户的信任，就不要说话啰唆，而应该尽可能在较短的时间内简单明了、干净利落地把比较重要的信息传达给客户。

2. 表述准确，说话要有条理、有重点

销售人员始终要记住与客户沟通的最终目的是达成购买协议，因此，在与客户沟通的时候，不要一味空谈。要知道，客户在面对你时本来就抱着对待陌生人的态度，如果你说话总是进入不了主题，不仅耽搁了双方的时间，还容易让客户产生不耐烦的情绪，导致交易失败。说话有重点，才会让人觉得你办事有效率，精明、干练，是值得信赖的对象。

当然，在沟通中，不同阶段的沟通重点是不一样的，销售员要根据具体情况把重要的信息分成几次陈述，这样才能保证客户正确理解陈述的内容。表述时，销售员要发音清晰，音量适中，用词尽量准确。

另外，准确、中肯的表述还需要在说话时有条有理。说话有条理才会让人觉得言之有物，有重点可言。有的销售员在说话时东拉西扯、颠三倒四，客户听了半天，仍觉得一头雾水，以致失去了对产品了解的兴趣。说话有条理和有重点是相辅相成、缺一不可的，只有有条理才能突出说话的重点，只有说重点才能让人觉得这人说话有条理。比如，销售员在介绍产品时，要在抓住重点后逐一分条列举，围绕某一点作出相关阐述，讲明白以后，再解说下一条，长此以往，客户在听你说话时就会觉得你说话有条理性，容易理解，能对产品本身有深刻的了解，从而促成销售的成功达成。

3. 语言流畅

语无伦次、前后矛盾、结结巴巴、吞吞吐吐是沟通的大忌，销售员一定要避免这种情况，掌握清晰、流利的说话技能，同时做到表述连贯，逻辑合理，前后衔接，原因结果叙述清楚。不然的话，客户不仅会轻视你，还会怀疑你说话的真实性。需要注意的是，语言流畅并不是要滔滔不绝地说个不停，那样只会带来负面作用。

以上几点是针对说话要中肯、稳当所作的一些简单分析，说话技巧是需要销售员慢慢练习的，在多次与客户的交流中要多学多用、随机应变、态度真诚，认真对待每一个客户，这样才能在销售这一行业里获得成功。

利用产品优势吸引客户

“王婆卖瓜，自卖自夸”这句歇后语几乎家喻户晓，虽然很多人在引用它时多是带有贬义的意思去点评某人或某商家的自我宣传和推销的做法，但在市场经济日益发达和销售竞争逐渐白热化的今天，“王婆卖瓜”已经成为一个优秀的销售员必备的素质之一。相反，如果一个销售员在介绍产品时不能用产品的价值和优势打动客户，那么接下来的工作将会非常被动。所以，销售员介绍所推销的产品时一定要突出产品的优势，针对客户需求点中的关键部位介绍产品的功能，以此来赢得销售的成功。

销售情景：

客户：“你们的价格有点贵！”

销售员：“的确，可能您觉得我们的产品贵，但其实这不是一个大问题。试想一下，如果您花较少的钱买到质量差的东西，在使用过程中总是出问题，那岂不是更郁闷？我们这种产品的质量绝对值得信赖，在质量上您完全不用担心。”

客户：“既然你们的产品这么好，为什么比我刚看的几家产品便宜得多？而且，你们似乎也不是什么名牌吧！”

销售员：“是的，我们家的产品的确不是什么国际大品牌，但我们产品的设计水平和质量都是国内一流的，只是在外形上不如国外某某企业的产品，正是由于这点不足，我们的价格要比国外那家产品的价格低了将近三分之一。”

客户：“好吧，我就订你们家的产品吧！”

分析：

案例中，针对客户提出的种种问题，这名销售员始终都能巧妙应对，而且，在回答过程中，他始终不忘夸赞自己的产品，最终，客户被他颇有说服力的言辞打动，并决定购买。

在具体的销售过程中，产品永远是销售员和客户沟通的中心话题。尤其是当客户经过前期的接触、沟通和了解后，对于销售员及其所在的公司已经没有了过多的疑虑。此时，销售工作便进入了实质化的阶段，客户的注意力开始转移到产品上来，销售员这时的说服技巧将受到更大的考验。当然，若一味地夸赞产品，可能不但不能说服客户，还会引起客户更大程度上的怀疑。那么，具体来说，销售员应如何夸赞产品呢?

1. 夸赞产品，不可不着边际

无论销售员以何种方式向客户展示产品的好处，通常情况下都要围绕着以下几方面展开：质优、价廉、方便、实用、爱、舒适、关怀、成就感。

具体来讲，销售员在向客户说明产品益处时，要根据不同的客户需求采取不同的说明方法，例如：

“优异的品质会让您成为市场中的佼佼者。”

“方便的使用方法为您节省了大量时间。”

“先进的技术会给您创造巨大的效益。”

“产品时尚的外观设计可以体现您超凡的品位。”

“高效的功能可以满足您的多种需求。”

……

不仅需要向客户提供相关资料，更要让客户知道你可以怎样满足他们的需要。

2. “说”与“做”结合

这里的“说”指的是以合适的语言和出色的表达方式向客户表述购买产品为其带来的好处，而通过实物或模型展示以及其他行动向客户演示产品的用途或其他价值即为“做”。销售员可以结合“说”与“做”两种方式来向客户展示产品的益处，这样能让客户对产品有更为直观、正面的认识，从而更容易接受产品。

3. 主动说出产品一些无伤大雅的不足

其实客户心里也明白，任何产品都不会完美无瑕，都会或多或少地存在一些瑕疵与不足。因此，如果销售人员在销售过程中对产品的不足自始至终只字不提甚至过于遮掩，那么，非但不能让客户信任产品，反倒容易引起客户的猜疑。

而相反，如果能主动说出一些关于产品不足的问题，那么，就可以打消客户的疑虑。说这些问题的时候，态度一定要认真，让客户觉得你足够诚恳，但是这些问题的内容一定是无碍大局的，是对方可以接受的，如客户普遍关注的价格问题、产品的致命弱点等。而有些问题销售员是不可以如实说出的，如有关企业的商业机密等。关于这些不能说或者不好说的问题，销售人员一定要格外加以注意，不要为了得到客户一时的好感而信口开河。

总之，没有产品是完美无瑕的，也没客户会相信产品会是完美无瑕的，产品要么是价格不合适，要么是存在其他问题。但这并不代表产品一无是处，要想让客户认同产品，就要适当地“王婆卖瓜，自卖自夸”一番，但不可过多对所销售产品的质量、性能等进行夸张表述，把劣质的说成是优质的，随意夸大产品的性能；不能把产品价格定得比实际价格高出数倍；不能对企业原本无法做到的售后服务作出随意承诺。要知道，在销售中，只有诚实地对待客户，才能得到客户的信赖，从而树立销售员及其所在公司的信誉。如果客户发现他面前的销售人员缺少诚实的品性，无论此前双方的沟通多么默契和愉悦，他都会马上产生警惕心理，通常会迅速放弃可能已经形成的购买意愿。

第2章

赞美话术，战无不胜的销售力量

人们常说：“人性的弱点之一就是喜欢别人的赞美。”因为人类都长着一双爱听赞美之言的耳朵，每个人都希望自己被尊重、被认同、得到肯定，与此同时，每个人都会觉得自己有可夸耀的地方。一位百万富翁曾经坦然地说：“我就是喜欢听赞美的话，自己喜欢听，别人也喜欢听。”所以，销售员如果能很好地利用客户这一爱听好话的心理，就能成功地接近客户，进而获得客户的好感，推销成功的希望也就大得多了。

赞美要具体，切不可浮夸

人们常说："人性的弱点之一就是喜欢别人的赞美。"因为人类都长着一双爱听赞美之言的耳朵，每个人都希望自己被尊重、被认同、得到肯定，与此同时，每个人都会觉得自己有可夸耀的地方。所以，销售员如果能很好地利用客户这一爱听好话的心理，就能成功地接近客户，进而获得客户的好感，推销成功的希望也就大得多了。

赞美客户并不是无迹可寻、毫无章法的。赞美他人，最忌讳的就是空穴来风、含糊空泛地赞美，毫无根据地奉承一个人反而会弄巧成拙。因此，在赞扬客户时，一定要就事论事，用一些具体而明确的事情来恭维客户，这也是赞美的基础。

销售情景：

原一平有一次去拜访一家商店的老板。

"先生，您好！"

"你是谁啊？"

"我是明治保险公司的原一平，今天我刚到贵地，有几件事情想请教一下您这位远近闻名的老板。"

"什么？远近闻名的老板？"

"是啊，根据我调查的结果，大家都说这个问题最好请教您。"

"哦！大家都这样说啊？真是不敢当，你说吧，到底什么问题呢？"

"实不相瞒，是这样的……"

"站着谈不方便，请进来吧！"

……

分析：

每个人都渴望被别人赞美，获得认同，客户也是。案例中，销售大师原一平之所以能成功推销，就在于他学会了赞美。用第三者“大家”的口吻去称赞商店老板“远近闻名”，给予老板肯定，以此赢得了老板的好感和认同，接下来的沟通就容易多了。赞美客户是件好事情，但并不是一件简单的事。尤其是那种毫无根据、泛泛而谈的赞美，更有奉承之嫌。那么，销售员该如何赞美客户呢？

1. 赞美要有根据

销售员在赞美客户时一定要有根据，这里的“根据”，指的是赞美要实事求是，要具体，这样才显得真实，容易让人接受。那么，哪些是赞美中的“根”和“据”呢？这其实很简单，我们可以尽量让赞美细节化，避免泛泛之谈。比如，在与客户交谈的时候可以赞美客户的经历、办公室的布置等。

“张总，您那个部门的小赵说您是一个非常平易近人的领导，真是不假，一见到您，我就觉得特亲切。”

2. 间接赞美比直接赞美更有效

不太适合直接赞美客户的时候，可以选择间接赞美的方式，而这一方式通常更能彰显出赞美的效果。间接赞美的方法有如下几种。

①赞美客户最关心的人或事

比如，客户是位年轻女士，为了避免误会与多心，不便直接赞美她。这时，不如赞美她的丈夫和孩子，你会发现这比赞美她自己还要令她高兴。

再比如，当你发现客户开着一辆与众不同的汽车时，你对客户说：“这车真好看！”客户自然会高兴，但这句话并没有真正起到赞美客户的作用，因为车子不错是厂商的功劳，客户只是花钱购买。而如果你对客户说“这车保养得真好”或“你挑车的眼光真好”，这就真的是赞美客户了。

②借用第三者的口吻来赞美

有时候，借用第三者的口吻来赞美会更有说服力。比如：“怪不得小张说您越来越漂亮了，刚开始还不相信，这回一见可真让我信服了。”这样就比说“您真是越长越漂亮了”好得多，还可避免恭维、奉承之嫌。

③从否定到肯定的赞美

这种用法一般是这样的：“我很少佩服别人，但您是个例外。”这样的赞美更显真实。

3. 善于发掘客户的亮点，赞美要有新意

真正的成功人士毕竟是少数，更多的是平凡人，他们鲜有卓越的成绩，因此，销售员在面对客户时，应该从客户身上的具体事件入手，任何细节都不放过。只有赞美得深入具体，客户才会觉得你对他足够重视，更加能感觉到他所获得的肯定是真实可信的。

4. 发挥语言的魅力

语言是一门艺术，赞美也不例外，只有准确把握好语言，才能得体地说出赞美的话语。要根据对象、时机、场合的转换，用不同的语言措辞恰当地表达赞美之情。语言是销售员与客户沟通的重要手段，赞美要真诚，用语恰当也是一个重要方面。

总之，赞美要落到实处，就要找到客户身上真实存在的具体赞美点。在赞美时指出细节，说出它的特点，给出自己的评价，会让客户觉得有真实感，认同你的说法，从而改变态度，就你的推销进行商谈。

赞美，是销售成功的最短距离

无数销售经验告诉我们，人都是有虚荣心的，没有人不喜欢别人的赞美和奉承。当听到别人的赞美和奉承之后，一般人都会心花怒放，尤其是一些虚荣心比较强的人，更是高兴得不亦乐乎，在这种情况下，满足对方的虚荣心就能征服和俘获对方的心。一位百万富翁曾经坦然地说：“我就是喜欢听奉承的话，自己喜欢听，别人也喜欢听。”既然客户有这个心理需求，那么销售员一定要会说、爱说。但销售员在赞美客户的时候，一定不要忘记自己的最终目的——销售产品。偏离这一中心的赞美是毫无意义的。

可见，说奉承话也是一种能力，有的人说奉承话可以俘获客户，而有的人拍马屁却丢掉了客户，白白浪费了美言。

销售情景：

迈克是一家人寿保险公司的销售员，几经周折，他才获得对当地一位大人物史密斯先生半个小时的拜访时间。

一见到史密斯先生，迈克就非常激动地说：“史密斯先生，我从小就听到过您的大名，从心底万分崇拜你。我想，如果我今天能亲耳听到您的那些传奇故事，我会非常荣幸的。”

“年轻人，你今天来不是就为这个吧？”

“史密斯先生，您可不知道，有多少人做梦都盼着见您一面呢！”迈克越说越起劲，又说出来很多赞美之词，史密斯先生也被他的赞美冲昏了头脑，开始向他讲述自己的创业史。结果，半个小时的时间很快就过去了，迈克满脑袋都是故事，忘记了此行的目的。

分析：

这一案例中，迈克的赞美之言的确起到了打动客户的作用，他和客户可谓聊得很投机，但迈克忘了自己此行的目的。因此，他的赞美之言说得再动听也是没有意义的。如果他能在客户对其产生好感时适时地插入销售事宜，是很容易达成销售目的的。可见，赞美客户是件好事情，但并不是一件简单的事。赞美客户，不掌握一定的技巧，不懂得恰逢时机地赞美，反而会使好事变为坏事。

那么，在具体的销售过程中该如何利用赞美为销售铺路，达到最终目的呢？

1. 交谈之初可不谈销售

采取“初次交谈不谈销售而只是赞美客户”的方式，可以打消客户的戒备心理，避免自己的销售行为被终止在摇篮中，也能了解更多的客户信息。这是符合心理学中的首因效应的，能为下次的良性互动和推销的顺利进行创造条件。

2. 赞美要有度，不可一发不可收拾

当恭维客户的时候，要有个度，不能恭维起来没完没了。否则，不仅会让客户产生厌恶的情绪，还会让销售工作无法插入。要让自己的恭维和赞美发挥最大的效力，就要珍惜自己的赞美。当然并不是说不要去恭维别人，而是不该恭维的时候绝对不浪费；该恭维的时候，千万不要吝啬。这样，才能为下一步的销售工作作好铺垫。

3. 时机成熟时，插入销售话题

对此，销售员要善于观察。比如，当发现客户因为赞美之言而露出欣喜的表情或者开始出现不断抚摸产品等动作时，就说明赞美起到作用了，此时，就可以插入销售话题，向其推销了。

4. 将赞美运用于销售中

很多时候赞美是需要在销售中临时把握的，再完美的计划也跟不上变化，销售员在赞美客户时，应该见机行事，时机不同，赞美也要跟着改变。比如，你的客户准备谈一笔生意，开始时你可以称赞他有魄力；中间你可以赞美他毅力十足，能持之以恒；当他谈成生意后，你应该肯定他的成功。时机不同，赞美也不同，这样才能做到得体。

总之，销售员需要记住，销售中的赞美是要本着推销产品的目的为前提的，背离这一本质目的，赞美就毫无意义！

委婉赞美，赢得客户好感

古语云：“君子羞于口，而善于行。”这种追求含蓄、委婉的审美标准是导致中国人乃至东方人性格内向的重要因素。在销售中，也经常能遇到这种客户，他们言辞谨慎，不愿意当众表达自己，因为他们信奉“说得越多就错得越多”的逻辑。对于销售员的恭维，他们也比其他客户更有“免疫力”。可能有些销售员会认为，对于这类客户，赞美是不起作用的。其实不然。任何客户都有虚荣心，只是每个人所能接受的赞美方式不同，对于此类含蓄的客户，如果赞美能委婉动听些，势必也能起到好的效果。

销售情景：

小王是一名宽带业务销售员，有一天，他给一位客户打电话，向客户介绍后，客户认为帮助不大，因此拒绝，并且理由很充分。

客户：“我平时基本不在家，安个宽带也没用，还是算了吧。”

小王：“没有关系的，真是很打扰您。对了，陈小妇，您是不是播音员啊？声音听起来特别舒服。”

客户：“你怎么知道的？我真的是在电视台的播音栏目组工作。”

小王：“真的啊？看样子我的感觉还真是没错，因为我觉得和您通电话感觉很好。陈小姐，您看还有什么其他方面需要我帮助您？”

客户：“我前一段时间看到电信宣传的小灵通，你可不可以给我介绍一下？”

小王：“没问题……！”

这次推销的成果是这位客户同意对小灵通进行试用。

分析：

这则案例中，销售员小王之所以赢得销售的转机．与其在电话中巧妙委婉地赞美客户有极大关系。通过赞美，他获得了客户的认可。

的确，有时候那些冷静、含蓄的客户之所以难以对付，并不是他们不吃赞美这一套，而是他们存在这样的心理：如果不采取相应的措施，很可能就要吃亏。但同时，他们又渴望被人认可，不想被人误解。这样造成的现实情况就是他们本身在内心上就很矛盾，是一个矛盾的集合体。销售员要好好地利用这一点，采取合适的方法对客户进行赞美。

那么，该怎样以温婉动听的语言来赞美这类含蓄的客户呢？

1. 以请教客户问题的形式来间接表达赞美之情

与客户交谈时，把他放到较高的位置上，并虚心地请教其问题，能满足其某种程度的虚荣心和好为人师的心理。可见，有时向客户请教也是一种委婉的赞美方式。真诚地去请教客户往往是打开成功之门的一把钥匙。

“陈总，我早就听说过您白手起家的故事，我真的很想请教一下您，当时您是怎么作出创业的决定呢？”

“听说您是通信方面的专家，想请教一下您……”

“专家就是专家，您提的问题都与一般人不一样，都提到点子上了……”

“张先生，您在营销方面这么有研究，有机会一定当面向您请教……”

“李总，您公司目前在物流服务领域做得这么成功，当初您是怎么想起来开展这项业务的呢？”

……

2. 赞美不一定要通过语言的方式

在与客户沟通的过程中，如果错过了赞美客户的机会，可以在随后的跟进邮件、短信中表达，如：“和您通电话真的很开心，希望下次还有机会向您学习……”这样的效果也非常不错。要知道，间接赞美客户有时能够获得比直接赞美更好的效果，因为它能够更好地满足客户的自我心理需求。

3. 用自己的语言表达出来

生活中，我们发现，尽管有些销售员经常赞美客户——“您的事迹，我早有耳闻，今日一见，果然气宇轩昂！”“久仰久仰！”却并没有得到客户的好感。这是因为，这些套用的赞美语言显得有些做作、虚假。所以，在赞美客户，尤其是赞美这类含蓄的客户时，一定不可照搬他人赞美的语言，而要自己组织语言，以轻松、自然的语气将赞美表达出来。

4. 在恰当的时候真诚地表达出来

赞美要选对时机，才显得自然。同时，对于客户的赞美可以适当加入一些“调料”，比如，幽默。这样更加容易调节气氛，让客户在心里感觉非常舒服。

5. 赞美的语言不可太过

一般来说，这类含蓄的客户一般都是理智的。那些真诚、恰当的赞美，的确会让其产生愉快的情绪，并对销售员产生美好的印象；但若太过分，就会适得其反，甚至会引起他的反感。

当然，赞美此类含蓄的客户的方式还有很多，但关键的一点就是一定要发自内心地赞美客户，只有真诚赞美，并将话说得动听一些、含蓄一些，才会更容易让对方接受！

赞美富于新意，让顾客体会到你的诚意

生活中，每个人都有自尊，都希望别人对自己的优点有一个肯定的评价。据专家研究，一个人如果长时间被他人赞美，其心情会变得愉悦，被说服的概率也会增加。作为销售人员，如果你真诚地对客户表示赞美，他们就会认为你很体谅别人，就会对你表示友好，从而愿意作进一步的交流。所以，在适当时候说出的那些微不足道的赞美的话，可能会起到让你意想不到的效果。赞美是人际交往的润滑剂，是件好事，但也是件难事。毫无技巧与新意的赞美，不但不能打动客户，还会有奉承之嫌，甚至招来客户的反感。

销售情景：

郑小姐原本是位身材苗条的女士，但自从生下第一个孩子后，身材完

全走形了。为此，她现在无论买什么衣服都不像以前那样干脆，而是会反复斟酌，直到自己认为真的合适才会购买。

一次，她去一家服装店买裙子，试了很多个款式，总是觉得不合适。她站在镜子前感叹道："怎么就没有一件适合我的啊，唉！"

这时候，专卖店的老板走上前去，笑着说："怎么了，美女，你的气质这么好，穿什么衣服都会好看的，试试这件吧，或许更适合你呢！"说着拿过了身边的一条连衣裙。

听了老板的这番话，郑小姐拿过裙子，进了试衣间，一会儿，当她出来的时候，在镜子前不断地扭来扭去，她感觉自己穿上这条裙子还真是挺合适，而且非常漂亮，脸上露出了满意的微笑。但这时候，老板又说了一句话："真是赏心悦目啊，您身材这么好，穿上这条裙子真的太漂亮了，跟电影明星似的。"

郑女士听完，脸色马上变了，顺便说了一句："您是不是对每个试衣服的女士都这么赞美的啊？"虽然郑小姐用了一个"您"字，但老板明显听出郑小姐口中的不悦，而此时她已经放下衣服，离开了专卖店。

分析：

案例中，郑小姐之所以没有购买自己看中的那条裙子，是因为老板那句毫无新意甚至有点不符实的赞美："真是赏心悦目啊，您身材这么好，穿上这条裙子真的太漂亮了，跟电影明星似的。"对此，郑小姐的回答是："您是不是对每个试衣服的女士都这么赞美的啊？"可见，不是任何女士都完全认同别人对自己美丽、漂亮的夸赞，如果情况不符实，她们就会觉得虚假，你的赞美就产生不了作用。

在与客户沟通中，赞美客户能达到快速取悦客户的目的，并能在客户心里留下好印象，因为每个人都喜欢听赞美的话，对赞美自己的人自然会有好感。如果我们希望赞美起到最佳作用，最好用点心，使得赞美有新意。否则，毫无新意的、只是一句奉承的话，反而会增添客户对你的不信任感，拉开你和客户之间的距离。

那么，作为销售人员，你该如何让赞美显得更有新意呢？

1. 于细节处赞美

比如，客户是一位女性，一开始就夸对方“你很漂亮”，客户一方面会感到高兴，另一方面会不知所措。所以，单刀直入地夸奖之前，需事先扎根，否则只会让赞美成为令人难以接受的奉承。对此，我们不妨一反常态，从一些细节处赞美。比如，夸赞对方所带的东西或饰品等，例如：“你的衣服很合身”“饰品很可爱”“发型很有特色”……

这些夸奖的话，表面上是在夸奖东西，事实上是在夸对方有眼光，而被夸的一方非但不会不知所措，反而因为自己以外的东西受到高估而感到高兴，他们会认为你们在价值观上存在着很大的共同之处，这样，一下子就缩短了双方的距离。

2. 赞美对方的精神层面

①赞美对方的态度和行为

像“言行得体”“活泼大方”“容易亲近”等夸奖，为了在不同程度和不同模式上夸奖对方，你必须准备一些话语，在交流时仔细观察对方，在适当时机套入话语。

②赞美对方的品质

比如，当面对的是一位男士的时候，在销售过程进行的最后，不妨说出这样的话：“我觉得您是位值得尊敬的人”“您是一位好先生”“我觉得您真是位体贴的男士”……无须修饰脱口而出，给对方留下好印象。

③赞美对方的品位

如你可以赞美客户的穿着：“听说您退休前还是一名服装设计师，是吗？怪不得呢，您今天这样搭配，让人觉得眼前一亮，您肯定有一套自己的搭配秘诀。”这样的赞美，多数情况下都会让客户心花怒放。

所以，只有有新意的赞美，才能把赞美说到客户心里，进而加倍成就他自信的感觉，从而有助于我们的销售工作！

第3章

倾听话术，认真聆听顾客的心声

作为销售员，我们都知道，与客户沟通的过程是一个双向互动的过程。鼓励客户多说，自己积极倾听，有助于我们接收来自客户的信息。另外，客户也需要通过一定的陈述来表达自己的需求和意见，甚至有时候，他们还需要向销售人员倾诉自己遇到的难题等。可见，在整个销售沟通过程中，客户需要的并不是被动地接受销售员的介绍与推销，他们也要表达自己的意见和要求，也希望销售的另一方——销售员认真倾听。如果销售员能谨记“倾听先行”，并能做到有效倾听，那么，一定能引导客户更加积极地投入到与我们的沟通当中，从而让销售工作事半功倍！

全面倾听，才能更了解客户

在现实销售中，只有通过与客户沟通，充分了解客户的基本情况，如是否真的要购买、购买什么价位的产品等，然后再有针对性地进行销售，才能事半功倍。而事实上，很多时候，出于防备心理，客户并不会诚实地说出自己的真实想法。这就要求我们会听，以便于在销售中及时判断出客户的真性情，从而更准确地找出应对策略，尽快完成销售任务。

销售情景：

学市场营销的小林大学毕业之后，就在一家建材公司做起了销售。由于专业知识扎实，口才好，小林的销售业绩直线上升。但是，小林有一个致命的弱点，那就是不会倾听，因此流失不少客户。

一次，小林去谈一个大型工程，工程的负责人是个40岁左右的男人。他对建材的要求非常高，见了小林之后，便直接询问小林所在企业建材的各项指标。小林报了指标后，对方似乎不怎么满意。但由于小林所在企业的钢材各方面指标都很不错，况且各种政策和条件都很好，客户也就不再挑剔了。但当小林报出价格之后，客户突然声音提高了八度。后来，无论小林怎么向客户保证建材的质量，对方总是避而不谈实质性的问题，就连之前谈妥的各项事宜，对方也不再坚持了。

小林不明白为什么客户前后态度反差这么大，但无论她怎么挽回，客户还是放弃了购买。

分析：

在这则案例中，销售员小林报出价格后，客户的情绪立刻产生了变化，此时他的声音也提高了八度。可是，小林并没有听出这一变化，也没有听出客户拒绝购买的真正原因，故而失掉了客户。

可见，销售员在和客户的交流当中，一定要注意倾听，留意客户言语间细小的变化。洞察客户的心理变化，及时调整策略，才能保证合作的顺利实现。

那么，作为销售员，你该怎样听，又该听些什么呢？

1. 听出客户的性格类型

语速快的人：反应敏捷，但易怒。有时候会对一些无关紧要甚至无意义的小事唠叨不停，也不喜欢听反对意见，做事一意孤行。

语速慢、说话沉稳的人：深谋远虑、有耐性，值得信赖。

木讷的人：他们不爱讲话，因为不善于讲话，但事实上，他们为人诚恳，所说之话也给人一种实在感，具有说服力，他们是能信赖的人。

说话音量大的人：性格活泼、明朗，为人正直、不虚假。像这种人，领导力及责任感兼具，是值得信赖的人。

说话音量小的人：一般来说，具备这种特点的人，若不是性格上气度小，就是善于谋略。喜欢窃窃私语的人是小心翼翼、神经质的性格，有秘密时，口风密实，绝不流露真心。

说话语气僵硬的人：这种人的处世方式和他们的说话方式一样，做事独裁，希望周围的人都按照他的话去做，若不是如此，就会高声厉斥。

讲话不看对方的人：不是害羞不敢看人就是不讲真话，所以不敢正视对方。

说话时喜欢摸下巴的人：这类人比较自信，带有傲慢之气，有轻蔑他人之意。

经常中断他人讲话的人：易怒，反应快，与人讲话时常常插嘴。因武断而造成判断错误。不能体贴对方，是轻率、自私的人。

讲话低沉的人：生活疲惫，体力衰弱。对工作无法决断，生命力弱。

2. 留意客户语速、语调的变化

在与客户沟通过程中，如果发现原本说话速度快的客户突然放慢了语速，或者原本说话速度慢的客户突然加快语速，这时候一定要注意了，肯定是出现了什么问题。一般来说，说话的速度放慢了，有可能是客户对你很不满意。如果对方把说话的速度加快了，那么意味着对方心里可能有鬼，所说的话可能是假的。所以，销售员一定要多加留意，针对不同的情况作出不同的调整。

一般来说，情绪处于平稳状态的人的语调是没有明显变化的。所以，如果客户说话的音调突然升高，要么是客户对你所说的话很吃惊，表示惊讶；要么就是客户在撒谎，想为自己找个合适的理由和借口，正所谓强词夺理。在这种情况下，销售员就要注意了。如果对方表示惊讶，那么就要找到合适的解说，让对方接受你的理念；如果对方强词夺理，那么就要想尽一切办法，让客户坦诚一些。

由此可以发现，如果不懂得倾听，只是一味地说服客户购买，那么，很可能与客户的本意南辕北辙；而只有善于倾听，善于把握客户的真实心理，才能了解客户真正想要什么，才能知道如何与客户达成合作。

适时倾听，促进销售成功

沟通是相互的，销售过程中的沟通也是如此。因此，仅仅将产品的卖点传达给客户甚至巧舌如簧地劝说客户购买是不够的，还要懂得倾听，因为只有在产品能满足客户需求的情况下，才能真正打动客户。当然，客户是不会主动说出自己的需求的，因此，我们在倾听的同时还要适时地回应，引导客户透露自己的真实想法。

销售情景：

刘雪在一家大型图书卖场工作，两年来，她为很多图书爱好者推荐了心仪的书籍，可以说是一位非常合格的销售员。

有一天，卖场来了一位30岁左右的男士，他的脚步停留在一堆心理学书籍旁。这时候刘雪走了过去，打招呼说："你好，先生，您是要购买关于心理学的书啊？"

客户回答说："我随便看看。"刘雪知道客户不愿意跟自己说话，于是她站在一旁，并没有多说什么。这位先生又在心理学书籍书架旁翻阅了很久，不知道究竟买哪一本好，显得左右为难的样子。此时，刘雪觉得时机已经成熟，于是，她再次走过去，对那位先生说："先生，请问你想购买什么样的书呢？"

客户答道："我想买一些心理学的书看看，但是我不知道该买哪一本好。"

刘雪继续问："是啊，现在的心理学书太多了，不知道您购买心理学书籍是出于爱好，还是其他原因呢？"

客户说："其实，我购买心理学书籍有很多因素。我本身就比较喜欢这类的书，以前读书的时候错过了很多好书，现在想再买点这方面的书看。另外，我现在的工作也需要掌握一些心理学基础知识，但我对心理学知识是一窍不通。"

刘雪说："要是这样的话，我建议您买一些关于心理学基础知识的书，先了解一下，这本《心理学基础》就很不错。等您了解了基础知识再买别的吧，因为心理学非常难，买的书太难了，可能看不懂，还会给自己造成心理阴影。"

最终，客户选了一本《心理学基础》，高兴地离开了。

分析：

案例中的图书销售员刘雪是个善于把握客户心理、找出客户真实需求的人。刚开始，在客户刚刚光临的时候，她热情的帮助被客户拒绝后，她并没有继续"纠缠"客户，而是等客户真正需要帮助的时候再"出现"。在得到客户肯定回答后，她开始一边倾听，一边引导客户继续说，进而逐渐让客户主动说出自己想购买的书籍类型，从而很好地帮助顾客作了决定，完成了销售。

的确，一个精明的销售员能很好地把握好听与说的度，在倾听的过程中给予客户适时的回应，在引导客户说的过程中挖掘出客户的真实需求，从而成功地完成销售。

那么，具体来说，该如何在倾听中回应客户呢？

1. 注意客户的反馈

客户的反馈指的是客户作出的可以识别的反应，比如，客户做出的某些动作，“摇一下头”“皱一下眉”或是想要说些什么，这些对营销人员来说，都是客户发出的信号。

通过自己敏锐的观察和感觉，营销人员可以调整说话速度或者话题。如果营销人员没能注意到这些信号，或是未作出反应，就意味着错误的或者不完全的沟通。

2. 善于激发客户的谈话兴趣

首先，这需要做到全身心地投入到倾听客户讲话的过程中。比如，销售员应该身体稍稍倾斜，认真倾听，以此来展示倾听的兴趣，且不轻易打断顾客。另外，倾听的时候要配合轻松、自然的表情，通过点头示意或者鼓励性的微笑，并不时地以“哦”“我知道了”“没错”或者其他话语让客户知道你对他谈话内容的赞许，鼓励客户说话。当然，对客户倾听的回应应放在客户说完以后，因为，一旦客户在诉说的过程中被打断，一些反映顾客需求、动机、感情的事实和线索就可能会被遗漏，而这些恰恰是成功销售的关键。

3. 以提问的方式回应客户

变换使用开放式提问（让客户可以自由地用自己的语言来回答和解释的提问形式）和封闭式提问（限于在几个固定选项中选择提问方式，简单的“是”或者“不是”就回答了大多数的封闭式提问），是一种很好的获取买方反馈的办法。

4. 澄清客户的谈话

在倾听完客户的谈话后，要加以反馈，向对方阐明你是如何理解他的意图的。你可以使用这些话语："我刚才听你说……""我理解你主要关心的是……"或者："……我说得对吗？"

另外，一些销售经验丰富的老手们还善于利用非语言反馈，比如，他们甚至只用一个小小的眼神就能达到鼓励客户继续诉说的效果。

大多数人都认为销售员拥有一副三寸不烂之舌，却忽视了他们更是最佳的听众。如果销售人员不善于倾听，就容易造成误解。更为严重的，会导致无法把握客户的真实需求，而与客户的购买意图背道而驰！

专注倾听，激发客户深入沟通的欲望

大量销售经验告诉我们，人们总是愿意与那些和自己有共同爱好或者兴趣的人沟通，而讨厌与那些和自己的人生观、价值观完全背离的人沟通。因此，在与客户沟通前，了解客户内心的厌恶与喜好也就显得至关重要，它在很大程度上是激发客户产生与销售员交谈的欲望的前提。所以销售员在与客户见面时，可以先倾听，抓住客户的兴趣，再根据客户的兴趣进行重点沟通。

销售情景：

陈浩是一名老年保健品推销员，有一天，他来到一个新建的小区，准备进行推销工作。在小区花园，他看到小区绿地的长椅上坐着一位孕妇和一位老妇人，他向小区保安打听道："那好像是一对母女吧？她们长得可真像。"小区保安回答："就是一对母女，女儿马上就要生了，母亲从老家来照顾她，父亲一个人在家里……"

之后，陈浩来到了老妇人和孕妇休息的地方，他亲切地提醒孕妇："不要在椅子上坐太久了，外面有点凉，你可能现在没什么感觉，等到以后会感觉不舒服的，等生下小孩以后就更要注意了。"然后他又转向那位老妇人："现在的年轻人不太讲究这些，有了您的提醒和照顾就好多了。”听到陈浩的话，老妇人好像一下子找到了知音：“真难得你这样的年轻人还懂得这些，我都提醒我女儿很多次了，让她不要吃生冷的，不要碰冷水，她就是不注意……我曾经在医院妇产科担任护士，因为工作表现突出，还被医院嘉奖过呢……”在老妇人说这些的过程中，陈浩表现出极其认真倾听的姿态。

“是吗？太好了！那您肯定知道如何照顾孕妇和小孩了，我最近也在学习关于这方面的知识来照顾我爱人，这下子真是找到老师了。”陈浩及时回应老妇人的观点。

后来，他们的话题从怀孕和生产后的注意事项讲到生产后身体的恢复，再讲到老年人要增加营养，陈浩与这位老妇人聊得十分开心。接下来，那对母女已经开始看陈浩手中的产品资料和样品了……

分析：

案例中，保健品推销员陈浩之所以能让这位老妇人对自己的产品感兴趣，是因为他先掌握了老妇人关心孕妇的心理，然后从孕妇应该注意的事项谈起，打开了客户的话匣子，并注意积极倾听，在获得客户的认同后，推销产品也就容易多了。

一般情况下，销售员与客户刚开始接触时，客户是不会马上对产品产生兴趣的，因为他们还心存芥蒂；而如果能够在最短时间之内找到客户感兴趣的话题，然后再伺机引出自己的销售目的，那么就可以使整个销售沟通充满生机。也就是说，引起客户注意，善于倾听，找出客户的厌恶与喜好，激发客户兴趣，让客户感到满意，这是一个好的销售的开始。

那么具体来说，销售员应该如何从倾听中挖掘出客户的喜好与厌恶，进而找到与客户沟通的契机呢？

1. 集中精力，专心倾听

这是有效倾听的关键，也是实现良好沟通的基础。要做到这些，应该在与客户沟通之前作好充足的准备，如身体、心理、态度以及情绪准备等。疲惫的身体、无精打采的神态以及消极的情绪等，都可能使倾听收效甚微。

2. 不随意打断客户谈话

这一点很重要。随意打断客户谈话会打击客户说话的热情和积极性，尤其是在客户情绪不佳的时候，打断他的谈话无疑是火上浇油。所以，最好不要随意插话或接话，更不要不顾客户的喜好更换话题。

3. 从人们一般比较关心的话题入手

对此，可以根据具体的谈话环境，认真地倾听并巧妙地询问，然后进行观察与分析，得出客户关心的问题，继而引入共同话题。比如，销售人员可以从客户的事业、家庭以及兴趣爱好等入手，以此活跃沟通气氛，增加客户对你的好感。

通常情况下，人们一般都对以下问题比较感兴趣。

客户曾经获得过的荣誉、公司的业绩等。

客户的兴趣爱好，如某项体育运动、某种娱乐休闲方式等。

关于客户的家庭成员的情况，比如，孩子几岁了，学习状况，老人的身体状况等。

某些焦点问题或者时事，比如，房价、车价、油价等。

客户内心深处比较怀念或者难忘的事情，和客户一起怀旧。

谈论客户的身体，如提醒客户注意自己和家人身体的保养等。

当然，除了倾听与询问等方式外，与客户进行销售沟通之前，销售人员十分有必要花费一定的时间和精力对客户的特殊喜好和品位等进行研究，这样才能在沟通过程中有的放矢。

由此可见，成功销售是有章可循、有法可依的。只要在销售过程中巧妙运用沟通技巧，不断探索总结自身的销售心得，就能在销售“交谊舞”中游刃有余！

倾听过程中抓住销售的最佳时机

与客户沟通的过程是一个双向的互动的过程。鼓励客户多说、积极倾听有助于销售员接收来自客户的信息，如果不能从客户那里获得必要的信息，那么销售人员的整个推销活动都将事倍功半。但从另一个方面看，倾听最终是为了服务于销售。这就要求销售员在倾听客户说话的过程中多留心，不要为了倾听而倾听，而要及时把话题转到销售工作上。

销售情景：

小马是一名汽车推销员，在一次汽车展会上，他结识了一位客户。通过对这位客户的言行举止的观察，小马分析出这位客户对越野型汽车十分感兴趣，而且其品位极高。后来，小马几次试图约客户出来坐坐，就一些越野车的问题谈谈，但是客户总是以各种理由推脱，总是说自己工作很忙，周末则要和朋友一起到郊外的射击场射击。

小马终于发现，原来客户还喜欢射击，经过打听，果然如此，这位客户曾经还是一名射击冠军。于是，小马上网查找了大量有关射击的资料，一个星期之后，小马不仅对周边地区所有著名的射击场了解得十分清楚，而且掌握了一些射击的基本功。再一次打电话时，小马对销售汽车的事情只字不提，只是告诉客户自己“无意中发现了一家设施特别齐全、环境十分优美的射击场”。下一个周末，小马很顺利地在那家射击场见到了客户。小马对射击知识的了解让那位客户迅速对其刮目相看，他大叹自己“找到了知音”。

在返回市里的路上，客户主动表示自己喜欢驾驶装饰豪华的越野型汽车，并对一些造型别致、性能好的越野车都作了一番阐述，小马认真地倾听着。等到客户提到“说实话，现在市场上的汽车在档次与品位上做得实在……”时，小马立即接过话茬儿：“我们公司正好刚刚上市一款新型豪华型越野汽车，这是目前市场上最有个性和最能体现品位的汽车……”一场有着良好开端的销售沟通就这样悄然进行着……

分析：

案例中，销售员小马是精明的，当他发现直接从客户爱好的越野汽车入手并未见到成效时，就转换了一个角度——射击。当他与客户产生共鸣后，客户对他的戒备心也就消除了。此时，当客户谈及自己最喜欢的越野汽车并阐述自己的观点时，小马便巧妙地接过客户的话茬儿，把话题转入到销售问题上，一场有着良好开端的销售沟通就这样悄然进行着……

那么，销售人员该如何掌控销售进程，在恰当的时机由倾听转入销售话题呢？

1. 从关心客户需求入手

现实销售中，一些销售人员完全站在自己的立场上考虑问题，希望一股脑儿地把所推销产品的信息迅速灌输到客户的头脑当中，却根本不考虑客户是否对这些信息感兴趣。这些销售员几乎从刚一张嘴就为失败埋下了种子。要知道，实现与客户互动的关键是要找到彼此间的共同话题，这就要求销售人员首先要从关心客户的需求入手。

对于客户的实际需求，销售人员需要在沟通之前就加以认真分析，以便准确把握客户最强烈的需求，然后从客户需求出发，寻找共同话题。

2. 多倾听有利于销售的内容谈话

对此，销售员需要倾听出以下几点。

核心点：这里的核心点指的是客户最感兴趣的关于产品的某个“点”，也就是能满足客户需求的某个“点”。

情绪点：人都是有情绪的，或欣喜，或气愤，或热情，或冷漠等，客户在与销售员沟通的过程中也会产生诸多情绪，而当销售员听到客户在话语中流露出有利于购买成交的信号时，就要立刻抓住机会，促成交易。

敏感点：世界上没有无瑕疵的产品，因此，产品或多或少会存在某些让客户不满意的地方，无外乎价格、折扣、性能、保障、售后服务、购买承诺等。

3. 询问客户

销售员如果不询问客户对讲述部分的想法和建议，只顾着自己讲下去，就不会明白客户对产品的真实看法，就不会明白什么地方要着重讲述，什么地方客户并不在意、可以忽略不提。所以，询问可以更好地控制谈话的进程，更大程度地调动客户的兴趣和积极性。且询问往往可以使销售员得到更多的信息，这些信息都会对促成交易有利。

当销售员向客户解释一段后，就应该向客户进行询问，看他听进去了多少、听明白了多少、他的看法如何。这时，销售员应该问："关于这一点，您清楚了吗？"或者："您觉得怎么样？"这样就给客户提供了一个说明他的想法的机会。

4. 确定客户需求后，要及时将话题转到销售上

在确定了客户的需求之后，销售人员虽然可以针对这些需求与客户进行交流，但是这还达不到销售沟通的目的，这就需要销售人员巧妙地将话题从客户需求转到销售沟通的核心问题上。例如：

"大爷，最近听说又有冷空气要来，今年冬天的天气真是没有往年好呀！您岁数大了，尤其要注意保暖，除了能预防感冒之外，还可以减少关节炎的疼痛。您看一下这件适合老年人穿的加厚羽绒服，它既暖和又舒适，而且非常耐穿……"

另外，在将话题转换到销售上时，要多使用积极的语言，这样在转换话题的时候会更自然、巧妙，能更好地引导顾客从有利的一面看待产品，促进产品销售。

第4章

销售提问，顺畅沟通的敲门砖

多数销售员都知道，销售的秘诀在于找到客户内心最强烈的需要。但现实情况是，客户对销售员大都心存芥蒂，他们往往不可能自报家门，将内心的真实想法全部透露给销售员。那么，怎样才能找到客户内心这种不愿外露的需求呢？有一个简单的办法——不断提问。你问得越多，客户答得越多；答得越多，暴露的情况就越多，离“真相”的距离就越来越近。这样，你就一步一步化被动为主动，成功的可能性就越来越大。但我们同时还要明白，与客户的沟通是双向的，提出的问题只有让客户轻松地回答出来、让客户产生了回答的欲望，沟通才能进行下去，这就更要求销售员掌握提问的技巧与方法。只有灵巧提问，才能步步深入，探出客户的真心！

问对方感兴趣的话题

经验丰富的销售员都知道，在与客户进行沟通的过程中，问的问题越多，获得的有效信息就会越充分，最终销售成功的可能性就越大。弗朗西斯·培根也曾经说过：“谨慎地提问等于获得了一半的智慧。”提问的好处多多，但很多销售员都在苦苦思索，该如何提问才有效?

实际上，我们都有这样的经验，人们对于自己感兴趣的问题才会乐于回答，那么，何不以此为突破口进行巧妙的询问呢?

销售情景：

乔治有一家自己的公司，他的公司专为其他公司提供销售人员和管理人员。在一个星期五的下午，他和老同学有一个约会，那天天气很热，当他到达约会地点的时候发现自己早到了20分钟。为了不让这20分钟的时间白白浪费，他决定找个客户进行推销。

乔治找到了一家规模较大的汽车销售店，走了进去。

“你们老板在吗？”他问销售员。

“不在。”

乔治并不退缩，又问道：“如果在，他会在什么地方呢？”

“在大街对面。”

乔治走到街对面，在接待室他问：“你们老板在吗？”

“他在，在他办公室里。”接待小姐说。

当时那位老板正在和销售经理商量事情，乔治走进他的办公室，问道：“作为贵公司的老板，我想您大概是在想办法增加销售额吧？”

“年轻人，你没看见我正在忙吗？今天是星期五，现在又是午餐时间，你为什么在这样的时间拜访我？”

乔治满怀信心地盯着对方说：“您真的想知道吗？”

“当然，我想知道。”

“好吧，我是刚从雷丁乘车过来的，我有个约会是在下午2点，现在还有20分钟的空闲时间，因此，我想利用这短暂的时间来访问。”稍作停顿后，乔治又压低声音问：“贵公司大概没有把这种做法教给销售员吧？”

那位老板听到乔治的问话后，绷着脸看了销售经理一眼，过了一会儿，老板微笑着对乔治说：“多亏你，年轻人，请坐吧。”

分析：

这则案例中，乔治之所以能在20分钟内得到客户的认可，正是因为他抓住了一个商人的心理特点，从对方关心的问题——销售额上入手，并以此设置悬念，引导客户回答出“当然，我想知道”，从而赢得了客户的好感。

同样，销售员采用这种方法可以让客户放下心中的疑虑，与你心平气和地交谈，这样对彼此业务的成功可以起到推动作用。

当然，在与客户沟通时，从客户感兴趣的话题提问也是有一定技巧的，如果用得不恰当，就会起到相反的作用。具体来说，有以下几种提问方式。

1. 就地取材

其实，我们不必绞尽脑汁地寻找提问的话题，因为一般来说，生活中人们都会关注这些话题。

你可以谈足球、篮球或其他运动。

你可以谈食物、谈饮料、谈天气。

你可以谈生命、谈友情、谈光荣。

你可以谈同情心、谈责任感、谈真理。

你可以讨论书籍、电影、广播节目、国际新闻或本地的新闻。

你可以谈论一下关于某个杂志上看到的一篇文章的要点。

……

诸如此类，都是很好的谈话题材。

2. 从客户在行的话题问起

提问要注意的是要问及对方在行的问题，特别是要从他的专长或职业下手，这样能让你应付各式各样的客户，使话题不断地延续下去。假如对方是医生，你对医学虽是门外汉，也可以用“问”的方法来打开局面。“近来感冒又流行了，贵院大概又要辛苦一阵子了吧！”这样一来，对方的话匣子就打开了，你可以从感冒谈到症状、药品和补品等，只要双方都不厌烦，话题就会一直继续下去。

3. 借助媒介法

例如，你想向一位陌生人推销，而他正在看报纸，你便可以用报纸作为媒介，对他说：“先生，对不起，打扰一下，请问您手里拿的是什么报纸？有什么重要新闻吗？”如此一来便开启了双方对话的源头。

4. 有些问题不可问

在和客户谈话的时候，有的事情是需要特别注意的。

不要问及对方的花费，比如，不要问别人衣饰的价钱或送礼的价值以及请客所花的费用，否则会让人觉得你触及他的经济能力或者怀疑他送礼的心意。

不可以问女子的年龄（除非她是6岁或60岁左右的时候）。

不可问别人的收入。

不可详问别人的家世。

不可问别人用钱的方法。

不可问别人工作上的机密。

“己所不欲，勿施于人”，凡是你不想让人知道的事也应该避免询问对方，谈话的目的在于引起对方的兴趣，而不是使任何一方没趣。能令对方滔滔不绝，是你说话的本领，也是增广见闻的方式。

向客户提问，令对方感兴趣的话题可以说俯拾皆是，关键在于要能够依照特定的情境去发掘，并且恰到好处地运用！

通过提问了解顾客的购买能力

销售员都知道，客户是否有购买能力是判断其能否成为准客户的一个方面。客户有购买需求、有购买权，但是没有购买能力，我们依然无法成功地推销出产品；分期付款的客户，也可能会造成销售后的呆账或死账。因此，在推销前就应谨慎行事，在产品金额比较大的购买活动中，要提前了解客户的经济水平和购买力，在确认潜在客户有这方面的预算后，还要对其一贯的信誉进行一番考察。考察客户购买实力的一个重要方法就是提问，但在提问时，一定要注意方式，最好以温婉探问的方式，尽量在不动声色中了解到情况，否则，很容易引起客户的反感，丢失生意。

销售情景：

一天上午，某汽车4S店来了一位打扮不入时的先生。店内的一些推销人员对这位先生上下打量了一番后，没有主动上前为其服务。而销售员陈莹则不同，她走过去主动和客户打了招呼："先生您好，我是这家4S店的销售员陈莹，很高兴为您服务。"为了不打扰顾客看车，作完自我介绍后，她就在一旁观看，并未出声。

就这样，这位先生一个人在店内转悠，一会儿说这辆车车价太高，一会儿又说那辆车款式不漂亮。看到一旁的陈莹，他说："我今天只是随便看看，没有带现金。"

"先生，没有问题的。我和您一样，有很多次也忘了带。谁也不会身上随时带着很多现金，您尽管看，有什么问题可以随时问我。"

"好的，谢谢你。"然后，稍微停顿一会儿，陈莹观察到客户有种脱离困境、如释重负的感觉。陈莹想："他是真的没带钱，还是没有购买能力呢？”于是，针对这个问题，陈莹决定大胆地试探一下顾客。

“先生，您有中意的车吗？”

“那辆奥迪不错。”

“是的，您的眼光不错，这辆车最近卖得很好。”

“是吗？可是，能分期付款吗？”这下子，陈莹明白了，原来顾客是担心价格和付款方式问题。于是陈莹说：“当然可以，您现在就可以与我们签约。事实上，您不需要带一分钱，因为您的承诺比世界上所有的钱更能说明问题。”

接着，陈莹又说：“就在这儿签名，行吗？”等他签完后，陈莹再次强调说：“您给我的第一印象很好，我知道，您不会让我失望的。”

结果确实没令她失望，第二天，这位顾客就带来首付提走了那辆车。

分析：

这则销售案例中，销售员陈莹之所以能轻松推销出去这辆车，是因为她和其他销售员不同，面对打扮不入时的客户，她还是愿意一试。并且，最可贵的是她敢于主动试探顾客，从而让客户自己说出了购买的顾虑——希望分期付款。

的确，客户的购买能力是决定客户能否完成购买的关键因素之一。若客户没有经济实力，即使他们的需求再强烈，也不会购买。对于这类客户，如果销售员“纠缠不休”，不仅浪费时间，还会招致客户的厌恶。而有些销售员遇到一些徘徊于汽车店内的客户时，总是会妄下断言：光看不买，一定是买不起。这也是不正确的。因为也有一些客户更相信自己的眼光，需要多项选择。由此，很多销售员产生了疑问：如何判断出客户是否有足够的经济实力呢？其实，我们不妨和案例中的陈莹一样，主动出击，巧妙地探问。

那么，该如何巧妙探问，从而筛选客户呢？对此，有几个检查要点。

1. 询问客户的职业

一般来说，人们的职业与收入状况和身份地位是吻合的，为此，你可以借机问顾客：“能多问一句，您在哪里高就？”

2. 针对客户的支付计划进行提问

我们可从客户是期望一次付现还是要求分期付款以及支付首期金额的多少等，判断客户的购买能力。

一位保险销售员去拜访客户，见到客户后他说：“保险金您是喜欢按月缴，还是喜欢按季缴？”

“按季缴好了。”

“那么受益者怎么填？除了您本人外，是填您妻子还是儿子的名字呢？”

“妻子。”

“那么您的保险金额是20万元呢，还是10万元呢？”

“10万元。”

3. 观察客户的穿衣打扮，委婉提问

一般情况下，人们的收入状况和经济水平在一定程度上是可以从其穿戴打扮上看出来的。穿戴服饰质地优良、式样别致的客户应该有较高的购买能力。而服饰面料普通、式样过时的客户多是购买力水平较低、正处于温饱水平的人。

为此，销售员通过观察客户的服饰打扮，大体上可以知道客户的职业、身份及购买力水平。比如，销售员在向顾客推销一件衣服的时候，可以先这样说：“您今天的首饰真好看，好像是今年××杂志上的主打产品，是吗？”根据顾客的回答，大致就可以看出顾客的购买力情况了。

总之，销售员在对客户进行说服时，首先要弄清客户的经济水平，才能分析客户为满足自身需要能够接受的价格水平，但一定要注意提问方式应委婉，太过直接会引起客户的负面情绪！

善于把握提问分寸，避免给顾客造成压力

一些优秀的销售员们得出这样一个销售经验：在销售中提问的能力与销售的能力是成正比的。他们往往会根据具体的环境特点和客户的不同特点进行有效的提问。可以这么说，问得越多，销售成功的可能性越大。的确，很多时候提问能解决很多劝说解决不了的问题，但这并不代表所有的销售员都会充分利用提问的技巧来获得客户的认同。事实上，经常有一些客户在听到销售人员对自己的几次提问后就变得厌烦和不快。这是为什么呢？因为这些销售人员忽视了在提问时需要特别注意的一些事项，其中，最需要注意的问题就是对于提问的分寸的把握。

销售情景：

小李是一家电子产品公司的销售员，为了能将公司的电话软件销售出去，小李前去拜访一家科贸公司的总经理。这家公司财大气粗，而且小李听说这位总经理是一位十分自负的人，于是在沟通中小李一直小心谨慎，尽量把握好说话的分寸。

客户："到现在为止，所有厂商的报价都太高了。"

小李："嗯，我同意。不过，我想您应该不会反对我与您进一步展开合作吧？"小李并没有反对客户的意见。

客户："反对倒还不至于。"

小李："那么，如果我们有机会再次合作，难道您不觉得我们可以帮助您建立更广泛的客户群吗？"

客户："嗯，很有可能。"

小李："您想，我们平时选择优质的手机和传真机，都是为了拥有更好的通话质量，对吗？如果我们的产品通过与您的合作被更多人所使用，那么那些受益者第一个想到的就是贵公司的名字，对吗？"

客户："嗯，是这么回事。"

小李："所以您不反对我们通过和您的合作可以帮助更多人建立起一

套更实用的电话系统，是吗？”

客户：“是。”

分析：

这则销售案例中，这位销售员的问话技巧是值得借鉴的。首先，他在提问前并没有反驳客户，这样才有了可以继续提问客户的前提。其次，他所提出的问题，答案都是肯定的，并且都是站在客户的立场上，这样客户在回答的时候产生的也是积极的情绪。于是，通过提问，他先是弄清了客户需求，接着为自己介绍公司及产品作好了铺垫，同时引起客户对本公司的兴趣，这样，他的销售目的也就能很容易达到。

其实，巧妙地向客户询问好处多多，它不仅能问出客户的真实需求，掌握客户的内心动态，减少因信息的不对称造成的误会，还能把握和控制整个销售进程，获得客户的好感。但是，向客户提问是需要把握分寸的，否则，不仅达不到理想的销售状态，恐怕还会适得其反，引起客户的反感，导致与客户的关系恶化甚至破裂。所以，销售员在向客户提问时需要掌握以下要点。

1. 讲究礼仪，彬彬有礼地提问

提问时的态度一定要足够礼貌和自信，不要鲁莽，也不要畏首畏尾。要恰当地使用表示尊重的敬语，如“请教”“请问”“请指点”等。

2. 尊重客户

“我这样讲清楚了吗？”

“我都说了几遍了，你怎么还不明白？”

在上面两句话中，很明显第一句话是更好的，因为这句话体现的是对客户的尊重，这句话的意思是，如果客户没有弄明白销售员的意思，是因为销售员表达得不够清楚，客户自然能接受。而第二句话中，销售员则把客户没有弄清楚的原因归结于客户，会伤害客户的自尊心，这样的话在销售过程中是一定要避免的，因为客户会认为销售人员在贬低、嘲笑他的智商，这样只会引起客户的反感。

3. 从客户感兴趣的话题入手

与客户初步交流时，不可太过心急，不要直截了当地询问客户是否愿意购买，一定要注意问题必须循序渐进地展开，最好先从客户感兴趣的话题入手。

4. 观察客户的反应

沟通是双向的，因此，提问一定要能使客户产生积极的反应，要让客户乐于回答。为此，问话后要察言观色，从客户的表情、动作中获得信息反馈。若客户答非所问，可能是表示他不感兴趣或不能回答，就要换个方法再问；当客户面露难色时，就不能穷追不舍，应适时停止。一般不要冒昧地问客户的工资收入、家庭财产、个人履历等问题。

5. 征求式提问

想要了解到客户的真正意图，并得出自己想要的答案，提问时可以多用一些征求的词，比如，“难道你不同意……”尽量养成用这种语气的习惯，比如：“难道你不同意我给你的服务，小姐？”

6. 引导式地问

当客户还在犹豫不决时，可以用一些套话的问题来引导一下客户。比如：“你已经决定订购我们的产品了吗？”千万不要问成，“你是不是要订我们的货了？”因为你要问的问题是带假设性质的，客户只要一回答，答案就能明了。

7. 站在客户立场上提问

在提问的时候不要总是围绕销售目的与客户沟通，而要站在客户的立场上提问。而且，对于某些敏感性问题要尽可能地避免，如果这些问题的答案确实对你很重要，那么不妨在提问之前换一种方式进行试探，等到确认客户不会产生反感时再进行询问。

另外，客户答话离题太远时，还要用委婉的语气控制话题：“这些事你说得很有意思，今后我还想请教，不过我仍希望再谈谈开头提的问题……”自然地把话题引回来。问话时不要板起面孔，“笑容是你的财产”，微笑着问话，会使人乐于回答。

做到以上几点，就大致可以把握住提问时的分寸了。

提出让顾客轻松回答的问题

销售员都知道，销售的秘诀在于找到客户内心最强烈的需要。但现实情况是，客户对我们都心存芥蒂，他们是不可能自报家门、将内心的真实想法全部透露给销售员的，那么，怎样才能找到客户内心这种不愿外露的需求呢？有一个简单的办法——不断提问。你问得越多，客户答得越多；答得越多，暴露的情况就越多，离“真相”的距离就越来越近。这样，你就一步一步化被动为主动，成功的可能性就越来越大。但我们同时还要明白，与客户的沟通是双向的，我们提问的问题只有让客户轻松地回答出来、让客户产生回答的欲望，沟通才能进一步进行下去。相反，如果问题难度太大，客户回答不上来，自然会失去回答的兴趣。

可见，选择问题时，一定要为客户留下足够的回答空间，问题必须要通俗易懂，不要让客户感到摸不着头脑。

销售情景：

一个周末的早上，一名销售员按响了某一户人家的门铃，开门的是男主人，他似乎不爱说话。当他把门打开时，这名销售员问道：“家里有高级的食品搅拌器吗？”

男主人怔住了。这突然的一问使主人不知该怎样回答才好。他叫来自己的夫人，和夫人商量了一会儿，这位夫人有点不好意思地回答道：“搅拌器，我们家倒是有一个，不过不是特别高级的。”

“我这里有一个高级的。”推销员回答说，说完，他从提包里拿出一个高级食品搅拌器。接着，不言而喻，这对夫妇接受了他的推销。

分析：

一般地说，和顾客打交道时，提问要比讲述好。这则案例中，销售员提出的问题是简单明了的："家里有高级的食品搅拌器吗？"面对这样单刀直入不涉及销售甚至只需要回答"有"或者"没有"的问题，客户自然是乐于回答的。当然，女主人更为详细的回答让销售员获得了更多的信息。可以说，他正是从一个小小的问题入手，就极富杀伤力地"俘获了"客户。假如这个推销员改一下说话方式，一开口就说："我是××公司推销员，我来是想问一下你们是否愿意购买一个新型食品搅拌器。"想一想，说这种话的推销效果会如何呢？

销售中，销售员提出的任何问题最终都是为销售服务的。有些销售员为了避免引起客户的反感，提问的时候都尽量避开销售，到最后却发现事与愿违，因为，随着交谈的深入，话题逐渐偏离了销售的本来目的。但太过直接的问题也着实容易引起客户的质疑。那么，到底应该怎样提问呢？对此，应秉持一个原则——难度不要太大，让客户更容易回答。

具体来说，应注意以下几点。

1. 选择性提问

这个方法就是问对方只可以回答的问题。比如："你是今天订货还是明天订货呢？""付款方式是现金还是支票呢？""货是送到你这里来还是送到仓库呢？"提出的问题必须有两个答案，而且都是你想要的答案，这样你得到的都会是你想要的。

2. 提切中实质的问题

销售过程中的提问都必须是能切中实质的。漫无目的、脱离销售目标的沟通都是无效的，这是每一个销售人员都必须记住的。对此，在约见客户之前，销售员第一步要做的就是把最根本的销售目标根据实际情况进行逐步分解，然后再根据分解后的小目标选择具体的、有针对性的提问方式。这样制订出来的问题不仅可以避免因谈论一些无聊话题浪费彼此的时间，也可以循序渐进地实现各级目标。

3. 针对不同性格的客户，提不同的问题

针对不同性格的客户，要采取不同的提问方式。对性格直爽的人，不妨开门见山地提问；对脾气倔强者，要采用迂回曲折的提问战术；对平辈或晚辈，要问得真诚坦率；对文化层次较低的人，要问得通俗易懂；对心有烦恼的人，要关心体贴谅解，问得亲切一些。

4. 根据客户情绪提问

提问时要注意对方的情绪。当对方情绪高涨时，可以抓紧时间多问些；反之，则尽量少问，所提的问题也不能太深。

5. 再次提问时应审时度势

在对方还没有答复完毕以前，不要提出第二个问题。与沟通无关的一些问题，最好在沟通前、沟通后或中间休息时提出。要想控制谈话的方向，可以连续发问，但每次提出的问题要单一而明确，所提出的问题前后要有连续性、逻辑性。

另外，还必须要注意自己提问的态度。因为很多客户在购买产品之前都将销售员视作怀有“不良企图”的人，所以，在提问时，不可让客户有种被审问的感觉。如果销售员以征求客户意见的态度提出友好而切中他们需求的提问，他们便会渐渐放松。

好的提问会让顾客保持好情绪

销售中，提问的好处多多，可以帮助我们挖掘出客户内心的真实需求。但事实上，提问也并非一件易事，因为只有在销售员的提问发挥积极作用的情况下，客户才愿意回答。而这就要求我们多提积极的问题。通常来说，人们只有在积极的情绪下才会逐渐消除对陌生的销售员的戒心，并乐于回答他们的问题。

销售情景：

一名中国留学生在澳大利亚经历了这样的事情。

“您是中国人？”金发小姐问他。

“嗯。”他下意识地回答了一声。

“我能问您几个问题吗？”

“我不懂英语。”他打着手势装着不懂。

“只有四个问题。”金发小姐一笑，继续问：“您是上学还是工作了？您最想做的事是什么？将来想从事什么工作？对未来有何打算？”

顿时，他的顾虑打消了，心想，在这陌生世界中，竟还有人关心起他这个不起眼的人的生活和工作，甚至未来，于是他答道：“我现在是边学习边打工，每天感到生活压力很大又很累。我最想做的事就是交到更多的朋友，将来能从事自己喜欢的工作，对未来我希望获得成功。”

“您希望成功，目前却遇到压力、朋友和工作这些问题，那么通过怎样一个中间媒介去实现呢？我将告诉您。”然后，金发小姐指着问号说道：“但愿我能帮你解决这个问号。”

他十分惊讶，于是带着好奇，跟着金发小姐来到了她的办公室，她告诉这名留学生，她的工作是帮助那些有困难的人，根据他们的具体情况，指导他们购买所需要的书，特别是在她这儿购书可比外面书店便宜10%。在金发小姐的热情推荐下，这位留学生不得不买了她的一本书。

分析：

在这个案例中，金发小姐成功推销出自己的书，就是因为她善于提问。她先问了一连串的问题，而这些问题并没有涉及推销，只是从关心留学生的角度提出的，因此，很快便使留学生消除了心理障碍。然后，她再适时地引入销售问题，让留学生产生一种想知道更多的愿望，随后，金发小姐成功推销出书也就成了一个事实。由此可见积极提问的重要性。

一般来说积极提问包括以下几种方式。

1. 以轻松的问题发问

以轻松的话题开头，最好不要涉及销售问题，这样能打消客户的戒心和顾虑，使对方乐于与你交谈。当对方显露出需求时，你再主动出击，将问题转变得较明确。例如：

“您好。是周经理吧，我是 × ×公司的小王，您最近很忙吧？”

“是呀。”

“周总，端午节就快到了，不准备庆祝一下吗？”

“当然了，我们正在安排呢。”

“那我先预祝您节日快乐。”

“谢谢，您有什么事啊？”

“我们给您发过一份传真，说明了一下我们公司的业务内容，不知道您收到了没有。”

当然，以这种问法开头，要求销售员掌握在交谈中的主动权，这样问的目的在于一步步引导客户，在客户肯定了销售员所有的问题后，自然会得出积极结论，也就是购买产品。

2. 多提开放性的问题

开放性的问题因为具有很大的回答空间，所以能激发客户的谈话欲望，让客户自然而然地畅所欲言，从而帮助销售人员获得更多有效的信息。在客户感受到轻松、自由的谈话氛围后，他们通常会感到放松和愉快，这显然有助于双方的进一步沟通与合作。

通常来说，开放性的提问方式有一些的典型问法，比如，“为什么……”“……怎（么）样”“如何……”“什么……”“哪些……”具体的问法就像案例中一样，销售员需要认真琢磨和多次实践才能运用自如。

3. 建议式提问

采用提问的方式对客户提意见比单纯地建议客户购买产生的作用更大、效果更好，因为，虽然是提问，但最终的决定权还在客户手里，客户会有一种被尊重的感觉。比如：

“您看您是年付还是季付？”

“您看您是亲自过来还是我给您把保单送过去呢？”

在交谈中，应避免用下面的方式。

“您看怎么办？”

“您看，还是尽快将字签了吧？”

另外，与客户交谈快结束时，销售人员也应多提一些内容积极、肯定、能增强客户对产品信心的问题，以促使他下决心购买。例如：“还有什么需要我来完成的吗？事实上，你只须在这里签个字，这张保单从明晨零点起就开始生效。”

第5章

寒暄话术，良好的铺垫助沟通

俗话说“话要开好头，事要收好尾”，任何谈话都必须有一个好的开头，也就是人们常说的寒暄。寒暄在销售开场中同样发挥着重要的作用，它能迅速消除初识的新客户对销售员的戒心，增进与老客户的感情；当交谈陷入尴尬境地时，它能帮助销售员打破僵局，缩短人际距离；向交谈对象表示自己的敬意等。寒暄是一件好事，但也并非一件易事。只有一番恰到好处的寒暄才能引起客户的注意，才能达到抓住人心的效果，特别是为销售员与客户进行进一步的交谈作好良好的铺垫！

适时寒暄，拉近与陌生客户的距离

一个好的开始，就是成功的一半。人们见面时通常会有一番寒暄，销售也是如此。许多精彩的开场白通常都是以寒暄作为铺垫的。销售员在与陌生客户正式交谈之前，能否做好开场工作，几乎可以决定这次销售活动的成败。因为，初次见面的时候，客户一般都有戒心，对销售员有一种自然的防备心理。为了打破相互之间的隔膜，销售员不妨与客户寒暄一番，迅速拉近与客户间的距离，尽可能与对方实现沟通和交流。

销售情景：

被美国人誉为“销售大王”的霍伊拉先生曾经经历过这样一次销售。

一次，他听说著名的梅依百货公司需要打一则很大的广告，并且经费很可观，于是他决定将这笔生意揽到自己手中。为此，他开始寻找各种能获得这笔生意的方法，而他首先做的就是想方设法地了解该公司总经理的专长爱好。经过了解，他得知，这位总经理会驾驶飞机，并以此为乐趣。

于是，霍伊拉在获得了与总经理见面的机会后，在彼此介绍后，便不失时机地问道：“听说您会驾驶飞机，您是在哪儿学的？”这一句话挑起了总经理的兴致，使其谈兴大发，兴致勃勃地谈起了他的飞机和他学习驾驶的经历。

结果，霍伊拉不仅得到了广告代理权，还荣幸地乘坐了一回总经理亲自驾驶的专机。

分析：

案例中，霍伊拉先生之所以能成功完成推销工作，可以说完全得益于他那句恰到好处的寒暄之语。以客户感兴趣的话题寒暄，能激发对方继续谈下去的欲望，这样，即使是陌生人之间也能迅速让感情升温，产生一种亲近感。

从上边这个案例可以看出，与陌生客户见面时，寒暄不是目的，只是一种手段，它的作用在于缓和气氛，消除心理芥蒂，拉近彼此心中的距离，为接下来的推销打下良好的基础。

在“寒暄”这个词中，“寒”是“寒冷”的意思，“暄”是“温暖”的意思，合起来，就是问寒问暖。而在推销过程中的寒暄，也就是通过与客户拉家常或者聊一下客户喜欢的话题，向他表达自己的敬意，借以向对方表示乐于与他多交之意。

常用的寒暄主要有以下几种类型。

1. 问候式

常见的问候式寒暄有“您好”“早上好”“节日快乐”等，具体来说，销售员要根据不同的交谈环境、时间、交谈对象等，采取不同的问候方式。

近年来，随着文化的国际化，人们也开始流行一些欧美的问候方式，如“嗨”等。

2. 攀亲认故

这种寒暄的方式需要销售人员抓住与客户共同的亲近点，并以此为契机进行发挥性问候，以达到顺利接近对方的目的。

可能很多销售员都会产生这样的疑问——如何找到与客户共同的亲近点呢？其实，只要留心就不难发现自己与客户有着这样或那样的共同点，比如，“同乡”“共同喜欢的地方”“母校”等就是与客户攀认的契机，抓住这些契机，就能与客户“沾亲带故”。如，“大家是天津人，我母亲出生在天津，说起来，我们算是半个老乡了。”“大家都是昆明人，我也算是昆明人。我在昆明读了四年书，昆明可以说是我的第二故乡了。”

另外，为了能更好地利用攀亲认故这一方式，最好要先对客户的资料进行一番了解。并且，在交往中要善于发掘双方的共同点，从感情上靠拢对方。当然，这也需要销售员有广泛的兴趣爱好以及宽广的知识面。

3. 触景生情

这种寒暄的方式要求销售员能根据具体的交谈环境、场景即兴联想到问候的话语，如客户正在进行的工作、客户办公室的布置、客户的衣着等，这些都可以作为寒暄的话题。

比如：“王经理，原来你也喜欢兰花啊……”

4. 赞美式

每个人都希望得到他人的肯定和欣赏，客户也不例外。因此销售员可以抓住客户的这一心理，在拜访客户之前作好准备，了解客户的优点，适时夸奖客户。如“我听过您作的报告”“早就听说过您的大名”“我拜读过您的大作”等。

寒暄中，适时的赞美固然很重要，但千万不要过度赞美，过分就会显得虚假。

5. 言他式

谈论天气是日常生活中最常用的寒暄方式，与客户初次见面时，如果一时难以找到话题，可以通过谈论天气来打破尴尬的场面。

总之，寒暄能起到一定的促进交谈的作用，但寒暄同时也是一门学问，是需要积累和学习的。销售员在这方面多下功夫、多运用，就会得心应手，在任何场合都可以做到处变不惊、游刃有余。

话家常，快速提升你的亲和力

说好一句话的方法很多，花样各异，寒暄便是其中之一。寒暄在销售开场中的作用早已不言而喻。日本著名的寿险推销员原一平曾经说过：“寒暄是建立人际关系的基石，也是向对方表示关怀的一种行为。寒暄内容与方法得当与否，往往是一个人人际关系好坏的关键，所以要特别重视。”一番恰到好处的寒暄能引起客户的注意力，达到抓住人心的效果，特别是随着与客户谈话内容的深入，往往能起到潜移默化的引导作用。

在与客户寒暄时，一定要表现出诚意，寒暄之语要恰到好处，因为最自然的话才能让人看到你的真心，不要让客户感觉你只是为了销售而寒暄，这样只会事与愿违。

销售情景：

贝尔纳·拉迪埃是空中客车飞机制造公司的销售能手，当初他被推荐到空中客车公司时，面临的第一项挑战就是向印度销售飞机。这是一项棘手的任务，因为这笔交易似乎已经被判“死刑”了——这笔交易已由印度政府初审，未被批准。此时，一切希望都压在了销售代表身上。

对此，拉迪埃深知肩上的重任。他稍作准备就立即飞赴新德里。接待他的是印度航空公司的主席拉尔少将。

拉迪埃到印度后，见到谈判对手后说的第一句话是：“正因为你，使我有机会在生日这一天又回到了我的出生地，谢谢你！”这句话一语中的，很有效果，迅速拉近了他和这位少将的距离，进而使他成功推销出自己的飞机。

拉迪埃靠着娴熟的销售技巧，为空中客车公司创下了辉煌的业绩。仅在1979年，他就开创了销售出230架飞机的纪录，价值420亿法郎。这当中，应该说也少不了他善于寒暄的功劳。

分析：

“正因为你，使我有机会在我生日这一天又回到了我的出生地，谢谢你！”这是一句非常得体的开头语，表达了好几层含义。那天是他的生日，而且印度是他的出生地，而他能在生日当天这个值得纪念的日子回到自己的出生地，完全得益于对方，因此，他感谢主人慷慨赐予的机会。这句话并不冗长，可谓简明扼要，自然拉近了拉迪埃与拉尔少将的距离。拉迪埃的印度之行能取得成功，也就不足为奇。

销售中，寒暄起到了联络感情、拉近心理距离的作用，它能在两个陌生人之间架起一座友谊的桥梁。照此看来，寒暄，也是销售中必不可少的一道程序。

可能有些销售新手并不明白寒暄的个中奥秘，他们认为，寒暄不就是嘘寒问暖、随便聊聊吗？不就是谈论家长里短吗？实则不然。销售中的寒暄不是普通意义上的寒暄，它是要达到一定目的的。这其中包括在面对客户的时候巧妙打开话题，让客户觉得和你谈话很有趣味，继而愿意和你谈下去，甚至可以让客户把你当成倾诉对象，令彼此成为知己，相互之间建立信任。而这些对于一个从事销售业务的新人来讲，显得尤其重要，是否能让寒暄显得亲切自然，再次体现了一个销售员的说话能力。

那么，如何作好寒暄呢？有哪些内容是可以寒暄的呢？寒暄时有什么样的原则呢？我们可以从以下几个方面来练习。

1. 主动热情，大胆和客户交流

与客户寒暄的前提是要大胆、自信、主动地和客户交流，敢于向客户抛出话题。这一点对于那些刚踏入销售行业的新人来说尤为重要，如果不敢主动迈出第一步，就无法做到突破。刚开始做业务时，有些新人有时候不知道该跟客户讲些什么，而且有时候有很多的顾虑，很容易冷场。

除了主动外，寒暄时还要表达自己的真诚与热情。试想，当别人用冷冰冰的态度对你说“我很高兴见到你”时，你会有一种什么样的感觉？当别人用不屑一顾的态度夸奖你“我发现你很精明能干”时，你又会作何感想？推己及人，寒暄时不能不注意态度。

2. 寒暄也需要找准时机

销售员与客户见面后，首先要判断客户是否有时间。如果客户真的很忙，就一定要言简意赅地表述来意和传达客户所需要知道的信息，然后和客户道别并埋下下次再拜访的伏笔。

关于客户是否有时间，可以通过问以下的问题来得到答案：“××科长，最近应该很忙吧？”关于这个问题，一般对方可能有两种回答，第一种回答是：“不是很忙……”这种情况，说明对方真的不忙，甚至愿意给你时间。而第二种回答则是："挺忙的……"这一回答也可能存在两种情况：一种是客户真的很忙，这样的客户就不能用太多时间打扰，应该绕过寒暄，直接进入主题。还有一种可能就是这种人认为什么事情都应该忙，也就是所谓的应酬也是忙，对于这样的客户，销售员可以和他多聊，反正在他的理念里跟你聊天也是忙。

3. 选择一些轻松的话题

寒暄的内容可以是多方面的。如天气冷暖、身体健康、风土人情、新闻大事等，尽量用语言把话题引到客户感兴趣的内容上去。但是寒暄时具体话题的选择要讲究，要注意话题的轻松性，话题的切入要自然。

有了自然、轻松而得体的话题，再加上诚恳、热情的态度，销售员很快便能与客户产生认同感，接下来，销售中和谐的交谈气氛也就自然而然地创造出来了，这就为下一步的销售工作打下了良好的基础。

业务客套话，化解尴尬气氛

销售过程中与客户沟通，各种始料未及的情况都可能会发生，因此，常常会使得沟通陷入冷场。作为一名专业的推销员，你要沉着冷静，并能机智地化解不利因素。此时，如果能妙用客套话，就可以打破尴尬，调和沟通氛围。

销售情景：

小刘是一名销售员。有一天，他正在与一位新顾客洽谈生意，突然，一位老顾客打来电话告诉小刘，要撤销以前答应的购买许诺。不用说，这时小刘肯定有着双重的压力，既想从老主顾那里挽回败局，又怕在新顾客那里泄露推销失利的信息。

面对此种局面，小刘明白，此时一定不能惊慌失措，如果对着电话与老主顾大叫大嚷、斥责他言而无信，那就太愚蠢了。结果只能是留不住老顾客又赶跑了新顾客，鸡飞蛋打。于是，小刘客气地对老主顾说：“这没关系，不过，我现在正在与一位朋友谈要紧事，我们明天见面再详细谈谈，你看怎么样？”

电话那头传来老顾客的声音：“好吧，我回头再给你打电话。”

分析：

案例中，小刘的做法是明智的，一句看似毫不起眼的客套话，却起到了解决危机的作用。它的高明之处在于左右逢源。通常情况下，这样回答顾客，老主顾是不会跟你在电话中继续纠缠的，他会答应你的请求，如此一来，你就又有了一个跟他谈判、以期维持原有交易的机会。而且，新顾客不仅会为你重视他而高兴，也会为你因他而拒绝一次约会而感到歉意，这非常有益于你与他达成交易，真是一箭三雕的销售策略。

与客户交谈，销售员最希望的就是客户能畅所欲言，但前提是要激起对方的谈话欲望，打开客户的话匣子，从而引起共鸣，这样，接下来的关于购买产品的劝导，才更容易被对方接受。当然，这需要因人而异，要看准对方的兴奋点，这样才能占据有利地位。

一般来说，冷场问题多半出现在与初次接触的客户打交道的过程中，因为，两个初次见面的人，彼此之间都缺乏了解，在这种情况下双方很容易陷入僵局。打破僵局的方法就是说客套话。人们不妨以这样的方式破冰，如，问问工作情况。而对熟识的人，还可以打听一下身体状况等。但还需要注意以下几点。

1. 客套也要流露出真挚的感情

以客套话打破冷场时，一定要表现出诚意，要真心实意地询问对方，不要让别人感觉你带有明显的目的性。

2. 用询问工作进展、身体状况的方式，展开谈话内容

客套的内容可以从询问工作进展、身体状况开始，这是一个非常好的沟通方法。可以这样问：“最近工作忙吗？可要注意身体啊！身体是革命的本钱，不要只顾着工作而忽视了健康呀！”这样一来，不但能使对方

感受到你对他的关心，还能迅速消除彼此间的陌生感，为进一步交流奠定基础。

3. 依照行动确定客套内容

比如，与客户交谈，因为找不到话题而陷入冷场，此时，你就可以依据客户当时的行动展开客套话，可以用“您马上要下班了吧”这样的客套语打开话匣子。这种问话，既大方自然，又使对方感到亲切，让对方愿意与你交谈。

4. 沟通前，了解对方的基本情况，是十分必要的

人与人之间的交谈，实际上就是感情的交流，而交流则需要建立在了解的基础上。只有事先对交谈对象有个大概的了解，在交谈过程中，才能抓住对方的心，达到自己的目的。

5. 适可而止，因势利导

做任何事情都应有个“度”，客套也不例外。恰当适度的客套有益于打开谈话的局面，打破尴尬与冷场，但切忌没完没了、时间过长。有经验的推销员总是善于从客套中找到契机，因势利导，言归正传。

客套话在销售中的作用是十分重要的，它不仅能很好地帮助销售员开场，还能在陷入冷场后调和谈话气氛，但并不是任意的客套话都能起到这种作用。不恰当的客套语很可能会弄巧成拙。而如果销售员能从以上几个方面努力，就能与客户建立起沟通的桥梁。

利用寒暄的语言艺术，维系老客户

很多销售员认为自己与客户之间就是简单的契约关系，客户一旦签约，自己就与客户再无瓜葛。因此，他们在遇到老客户的时候，就没有了对待新客户的那般热情，主动寒暄的意识更是抛到九霄云外。如果销售员抱着这样的心态与客户做生意，那么，你做的充其量只是一次性买卖，是

不会有回头客的。实际上，寒暄并不仅是和新客户拉近距离的方式，更能使你和老客户的感情更进一层。

销售情景：

销售员：张小姐您来了！上次您在我这儿照的写真，感觉怎么样？

客户：很好啊，我朋友都说好看！

销售员：是吗？太好了。不过这也是理所当然的，我们的摄影师都说您无论是身形还是皮肤都很好，自然很上镜。

客户：你过奖了！

销售员：对了，您看我都忘记了，您今天过来，需要什么服务呢？

客户：我想拍婚纱照。

销售员：是吗？恭喜您了，您进来的时候，我看见您旁边这位帅哥，原来是拍婚纱照啊！婚期什么时候呢？

客户：“五一”期间。

销售员：哦，那首先恭喜您要做新娘了。

客户：谢谢！

销售员：张小姐，您这时候拍婚纱照很适合，结婚前一个月拍结婚照是最好的，因为从开始拍结婚照到取件刚好需要20多天。我给您推荐这个目前最好的优惠套系，可以说是价廉物美。我们这个优惠套系只剩下三套了，我帮您订一套吧，觉得怎么样呢？

客户：嗯，行吧，我相信你的建议。

分析：

可以说，这位影楼的销售员在接待老客户的过程中，开场白说得非常成功，之所以如此，有一个重要原因就是她在谈话中适当合理地运用了寒暄。她寒暄的技巧值得推敲一番。首先，她能准确地叫出客户的称呼，让客户有种老朋友的感觉。然后，她再提及上次的销售经历，让客户回忆起自己快乐的消费经历。经过一番简单的寒暄之后，她又得知客户婚期将近，于是再恭喜其做了新娘等。这些虽然是寒暄之词，但是让顾客听后感觉非常舒服，拉近了双方的距离，从而占据了谈话的主动权，对客户的心理也进行了全方位的把握。最终，她顺利地让客户接受了自己推荐的套系。

如果说与新客户寒暄是一种打消彼此戒心的方法，那么与老客户寒暄就是一种礼貌，也是在与老客户接触中一个比较重要的问题。只有先联络一下彼此间的感情，才能为切入主题作好铺垫。在与老客户接触时，如果在本该与对方寒暄几句的时候反而一言不发，或者直奔主题，则是极其无礼而冒失的。

那么，销售员该怎样与老客户寒暄呢？

1. 准确地称呼老客户

一位销售员急匆匆地走进一家公司，找到经理室敲门后进屋。"您好，罗杰先生，我叫汤姆，是公司的销售员。您还记得吗？上次……"

"汤姆先生，你找错人了吧。我是史密斯，不是罗杰！"

"噢，真对不起，我可能记错了。我想向您介绍一下我们公司新推出的彩色打印机。"

"我们现在还用不着彩色打印机。"

"是这样。不过，我们有别的型号的打印机，这是产品资料。"汤姆将印刷品放在桌上，"这些请您看一下，有关介绍很详细的。"

"抱歉，我对这些不感兴趣。"史密斯说完，双手一摊，示意走人。

这则案例告诉我们，与老客户寒暄时，千万不能记错老客户的名字。否则，会让老客户觉得你不尊重他，甚至令其对你产生反感。戴尔·卡耐基曾说：一种最简单但又最重要的获取别人好感的方法，就是牢记他或她的名字。所以，不管客户是什么样的身份，与你关系如何，你都要努力将他们的容貌、名字与职务牢牢记住，这不仅会增强记忆力，更会使你在下次与老客户寒暄时让他迅速对你产生好感，让你的销售畅通无阻。

2. 谈及上次与客户合作的愉快情景

老客户之所以成为老客户，是因为与我们合作过并合作愉快。此时，如果我们能提及上一次的合作情况或者客户对产品的使用情况，那么，便能让客户产生继续交谈的欲望，也能体现出你对他的关心，这样一来，他对你的印象自然大大加分。

3. 以表达感激之情开头

不管是对于销售员还是对于企业来说，客户都是赖以生存和发展的基础。销售员的薪水和企业的利润都来源于客户。可以想见，如果公司连续数月或一年没有客户光顾，那么公司离关门大吉也就不远了。因此，对于销售员来说，在与客户接触之前就怀着一颗感恩的心是很重要也很必要的，要感谢客户腾出时间来接见你，感谢客户给你介绍产品的机会，更要感谢客户认可你的产品和劳动。你可以这样说："张总，很感谢您今天又在百忙中抽出时间……"

还需要注意的是，与老客户寒暄的时候，一定要注意说话的语气和谈话氛围，不可过于拘谨，要尽量引导老客户谈些轻松的话题，这样，才能使得你们彼此之间的感情更近一层！

避开销售客套话禁忌

销售中，对于寒暄的用途我们都已知晓，它能帮助销售员迅速消除初识的新客户的戒心，增进与老客户的感情；当交谈陷入尴尬境地时，它能帮助我们打破僵局，缩短人际距离，向交谈对象表示自己的敬意等。所以说，在与客户见面之时，若能选用适当的寒暄语，往往会为双方进一步的交谈作出良好的铺垫。寒暄是一件好事，但也并非一件易事，寒暄的客套话也有所禁忌，如果把握不好，触及客户内心的暗礁，就会适得其反，对销售工作造成不利影响。

销售情景：

程前是一名销售新手，主要销售女士保养品。他是个机灵的小伙子，但常常因为口无遮拦而得罪客户。

有一天，店里的老客户陈女士来了。陈女士和丈夫刚离婚半个月，但似乎心情也不差。

这位陈女士原本是店长的好朋友，程前想套套近乎，就主动和对方打招呼："陈姐，最近皮肤保养得不错啊。"

"哪里有？你真是说笑了。"

"我可没开玩笑，比你没离婚的时候还好呢！"程前一说完，陈女士的脸色马上就变了。这一点，程前也感觉到了，为了挽回自己的过失，他准备弥补一下。

"你看我这乌鸦嘴，其实，离婚了也没什么不好，您还拿到了一大笔孩子的抚养费，这也不错。"这话不说倒好，程前一说出口，对方的脸色更差了。程前知道已无法挽回了，也不再作声。后来，这位陈女士再也没来店里购买过保养品。

分析：

遇到老客户，自然需要寒暄一番，若视若不见，不置一词，难免显得自己妄自尊大。但很明显，程前的寒暄之语适得其反，得罪了客户。通常情况下，人们都有一些自己不愿被人提及的事，如果你不识时务，将这些问题以客套话的形式说出来，必将引起客户的反感。

销售员的开场白对客户的影响很大，如果第一句开场白能引起客户的兴趣，那就可以比较容易地将产品销售出去。相反，如果销售员的第一句话不能引起客户的兴趣，那就要在之后的销售过程中花费更多的口舌去说服客户。寒暄的作用就体现在此。此外，如果触犯了一些寒暄的禁忌，那么，开场白不仅不能引起客户的兴趣，也许还会让他们反感。

那么，到底哪些属于寒暄的客套话中的禁忌呢？

1. 客户的隐私

案例中的销售员就犯了这方面的错误。在寒暄的过程中涉及客户隐私的话题是绝对不能提的。通常来讲，涉及隐私的话题有收入、家庭、婚姻等。当然，如果客户主动愿意告诉你，则另当别论。

2. 寒暄语不可冒犯客户

寒暄语应当本着友好之意、敬重之心，不可戏弄客户，也不可敷衍了事打马虎眼，“瞧你那德性”“喂，你又长膘了”之类的寒暄语，应禁用。

3. 寒暄语要尊重对方的风俗习惯

随着我国经济的发展、对外开放的深入，销售工作已经走出国门，客户对象也逐渐扩大到外籍人士和众多的种族之间。同这些客户沟通，我们首先想到的自然是同他们寒暄一番，以示友好，并为进一步进行有效的销售工作奠定基础。然而，由于社会、文化背景和风俗习惯等方面的不同，我们认为很善意或很正常的寒暄语往往会使这些特殊的客户感到不快、讨厌，甚至发怒，以致产生一些不必要的误会。

的确，寒暄语具有非常鲜明的民俗性、地域性等特征。例如，在阿拉伯人中间，人们常常喜欢这样问：“牲口好吗？”听到这话，估计很多中国人都会生气，但这是他们友好寒暄的常用语，这表达了他们关心被问者的经济状况如何。

就连中国国内，南北方的文化也有很大的差异，比如，老北京人爱问别人：“吃过饭了吗？”其实，这句话的意思就是“您好”，您要是回答“还没吃”，意思就不大对劲了。如果用这句话问候南方人或外国人，常会被理解为“要请我吃饭”“讽刺我不具有自食其力的能力”“多管闲事”“没话找话”，以致引起误会。

因此，作为销售员，你在与客户寒暄前，最好先对其能接受的寒暄语进行了解。掌握以上几点寒暄语的禁忌，在与客户联络感情的时候就能有效避开“雷区”了！

第6章

销售话术，说顾客喜欢听的话

每个销售员都希望自己能拥有一副好口才，而好口才有一个重要原则，那就是说出对客户胃口的话，包括什么时候开口、什么时候闭口，开口该说什么、不该说什么等。可见，口才的好坏不在于说“多少”，而在于是否说得“巧”。一个销售精英必当有一张巧嘴，他不仅具备富有感染力的声音，还善于察言观色、适时说话，并能让苦涩无味的销售语言熠熠生辉，让客户听得既明白又尽兴，生意自然也就轻松地做成了！

打动客户，声音必须有感染力

销售员都深知一个道理：销售是靠嘴吃饭的，一个销售员的口才如何，直接关系到他的销售业绩和生存状况，而判断销售口才的标准就是能否对客户产生积极的效应。一些销售员有这样的疑问，无论我怎么努力劝说，客户似乎都并不感兴趣，这是为什么呢？其实，问题很可能出现在你的声音上。销售人员向客户销售产品的时候，客户了解你的最直接载体就是声音，如果你的声音有感染力，将对客户产生有利的影响。

销售情景：

三年前，李娜还是一家咨询公司的市场推广员，而现在，她已经做到了公司培训经理的职位。她在销售行业的成功，得益于她出色的口才。公司的同事都说她的声音婉转、动听，让人听着就是一种享受。

一次，她被派到日本的分公司进行培训工作。报到的第一天，日本的公司代表们就盛情邀请她演讲。当时，不会日语的她直接用汉语演讲。当地的日本同事都听不懂汉语，然而，虽说他们不了解她演讲词中的意义，却觉得听起来令人非常愉快。

李娜接着演讲，语调渐渐转为低沉，最后在慷慨激昂时戛然而止。台下的观众鸦雀无声，同她一起沉浸在悲伤之中。而这时，台下传来一个男人的笑声，他是陪同李娜来日本的助理，因为李娜刚刚用汉语背诵的是一首中国的古诗，并没有演讲什么销售经典。

分析：

从案例中我们发现，一个人仅凭声音便可以感染他人，甚至可以完全控制对方的情绪。销售人员若能让自己的声音更有感染力，那么，销售业绩一定也能百尺竿头，更进一步。

古希腊哲学家苏格拉底说：“请开口说话，这样我才能看清你。”人的声音是个性的表达，声音来自人体内在，是一种内在的剖白，因此，声音中可能会透露出畏惧、犹豫和缺乏自信，也可能透露出喜悦、果断和热情。我们说话的声音也必须和音乐一样，只有渗透进人们心中，才能达到说服别人的目的。那么，从事销售的人员该如何让自己的声音更有感染力呢?

1. 让对方感觉到你的热情

在与客户交流时，如果你语言死板、不苟言笑，客户是不会买你账的。也就是说，你没有热情，他们也会失去热情。为此，你需要时时提醒自己要保持热情，不仅是对客户热情，更重要的是对销售工作、对生活和生命的热情。因为热情是这个世界上最有价值的也是最具有感染力的一种情感。

当然，太热情了也不好，因为凡事都要适度。有的人喜欢跟热情的人交流，有的人却不喜欢跟太热情的人打交道，这是跟人的性格有关的。

2. 说话简洁、清晰

清晰的发音可以充分表达自己的专业性。销售员说话一定要自信简洁，清晰不啰唆，不要说一些无关紧要的话，不断重复自己的话是不自信的表现。为此，在说话的时候，需要先把想说的要点想清楚，整理好自己的思路，用简洁、清晰的话来清楚表达自己的观点。在较短的时间里给客户一个清晰的概念，会使客户感到愉快。

3. 把握好语速

在增强声音感染力方面有一个很重要的因素，就是讲话的语速。如果销售员说话语速太快，客户就不容易听清楚你要表达的内容，而且太快的语速还会给客户一种紧张感和压迫感。可是，如果语速太慢，则会给客户以啰唆、拖沓的感觉。而且语速太快或者太慢都不容易激发客户参与到说话当中的积极性，这样将不利于销售员与客户之间的沟通。

4. 控制好音量

音量的高低能够反映一名电话销售员的素养。音量太小，显得你信心不足、说服力不强。而说话自信，并不是要趾高气扬，因为音量太大或过高容易给人一种缺少涵养的感觉，会造成强大的压迫感，使人反感。

5. 善用停顿

我们在与客户沟通时一定要善用停顿。例如，在讲了一分钟后，你就应稍微停顿一下，不要一直不停地说下去，直到谈话结束。因为，如果你只顾着一个劲儿地说，你就无法知道客户是否在听，也无法知道客户听了你说的话后究竟有什么样的反应。适当的停顿一下可以更有效地吸引客户的注意力。客户示意你继续说，就反映出他是在认真地听你说话。停顿还有另一个好处，就是能给客户一个考虑的时间，也让他知道你非常在乎他的感觉，对他的反应很重视，这样会比你喋喋不休的效果好很多。

6. 自信、愉快的笑声

身体语言中最重要的就是一定要微笑。作为销售人员，如果你是一个内向、冷漠的人，不妨经常抽出一些时间来对着镜子笑一笑，早上起床后也可以对着镜子笑一笑，逐渐让自己的面部表情丰富一些。

所以说，好口才离不开富有感染力的声音，如果你能做到以上几点，你就可以轻松地打动客户！

销售的话不在多，而在于恰到好处

每个销售员都希望自己能拥有一副好口才，而好口才有一个重要原则，那就是说出对客户胃口的话，包括什么时候开口、什么时候闭口，开口该说什么、不该说什么等。可见，口才的好坏不在于说“多少”，而在于是否说得“巧”。那些精明的销售员最大的特点就是善于察言观色，并懂得见缝插针，找准时机说出让客户乐于接受的话。

销售情景：

陈莉莉在大学学习的专业是市场营销，毕业以后和很多同学一样，她也做起了销售。她所销售的产品是化妆品。

有一次，店内来了一位中年女士。客户进店后,陈莉莉并没有跟在对方后面不停地介绍，而是把主动权交给了客户，自己站在一旁观看。后来，客户终于停下了脚步，对柜台上的某件产品表现出浓厚的兴趣，拿起一套化妆品翻来覆去地看。陈莉莉非常高兴，觉得眼前这位女士一定是个准客户。但她还是不动声色，只是在一旁观看客户的脸色和神情。

果然，过了几秒钟后，顾客抬起头，好像在寻求销售人员的帮助。此时，陈莉莉才走过去，为客户介绍化妆品的优势和特点。

“这个产品我用过，很不错，帮我包起来吧。”这是这位女士的结论。最终，她买下了这套化妆品。

事后，同事问陈莉莉：“店里来了客人，我看你也并不热心，怎么就这么轻松地搞定客人了呢？”

“一般来说，这般年纪的女士对化妆品都很了解，我不必喋喋不休地介绍，那样反倒招致客户的反感，你们也听见了，她说她用过那款产品。我站在一旁并不是不关心客户，而是在观察，客户由低头审视产品到抬头寻找销售员，说明她已经产生了心理上的变化，她在寻求帮助，我这时候再出现不是恰逢时机吗？”听完陈莉莉的这番陈述，同事们一个个佩服得五体投地。

分析：

案例中的化妆品销售员陈莉莉是个精明的人，她并没有花费多少精力就轻松地搞定了客户，这是因为她懂得观察和见缝插针，在关键时刻才站出来为客户解说产品。而相反，一些销售员无时无刻不在发挥自己的口才，但似乎销售额并没见多少。这是因为他们只顾站在自己的角度介绍产品、发挥口才，而没有观察客户，更没有说出客户真正想听的话。对于化妆品而言，产品即使再好，如果不能解决客户存在的皮肤问题，那么，即使说得天花乱坠，也无法说服客户购买。

可见，如果一个销售员懂得有的放矢地说话，即使辞藻不多，也能说得客户心服口服。

那么，销售员该如何有的放矢地说话呢？

1. 察言观色，找准时机

精于口才者，最擅长察言观色。那些会说话的销售人员，无论在自己说话的时候，或是在对方说话的时候，他们的眼睛总是随时地留意着对方的面部表情、眼神、姿态以及身体各部分的细微变动，并随时判断谈话的状态，对方的心态、表达的意思等，然后再将自己的观点、看法得体地说出来。

一般来说，可以从以下两个方面进行观察。

①观察客户的面部表情

在销售中，客户的每一个表情、神态的变化都代表着一定的心理，精明的销售员能抓住客户的每一个细微的颤动以及表情、神态的变化，即时从变化中推测客户的心理。比如，客户脸部的肌肉突然由紧绷到放松，说明他的心情有所缓和，对是否购买产品也已经有所决定。

②观察客户眼神的变化

俗话说“眼睛是心灵的窗户”，客户也可能为了自身利益掩饰内心的想法，但无论他说什么，只要我们仔细观察客户的眼神，就能找出其真实想法。

打个比方，当你滔滔不绝地向客户介绍产品的性能，并以自己的产品为豪，原本以为客户会认真倾听时，却发现客户原本感兴趣的双眼闭了起来，或者开始东张西望，这就表明他（她）已经对你的介绍感到厌烦，或者对你的话题没有兴趣了。此时，你就要换一个话题，或者停下来引导客户谈话，以了解客户真正关心的问题。

2. 听完再说

一些做事鲁莽的销售员往往会这样，当他们发现客户提出问题的时候，就立即接过话题，并极力解释，但很快他们就会发现，客户又有新的问题需要解决，于是再解释，如此反复……最后客户没问题了，却这样告诉销售员："我再考虑考虑吧。"因为客户觉得自己仍有许多需要解决的问题，只是他暂时想不起来而已。

所以，我们在和客户沟通的时候，一定要把话语权充分交给客户，让其一次性把想问的问题问完，哪怕他说的是错的或是对你公司有误解的问题，在这过程中，你可以有较充足的时间考虑回答方式。然后你说："您还有问题吗？""好，您看您比较关心的是……"如果你是在进行电话沟通，那么，你就要将客户提出的一系列问题逐一记下来。总之，我们要记住，要把客户的问题打包解决，而不是一条一条回答，使自己疲于应付。

总之，口才绝不是只凭两片嘴皮子上下翻飞，而是一种综合能力的体现。一个善于说话的推销员必须具有敏锐的观察力，能深刻地认识事物。只有这样，说出话来才能一针见血。

善用修辞艺术，成就销售高手

中国是一个语言文化知识底蕴丰厚的国家，自古以来，人们就善于将平淡无奇或晦涩难懂的语言修饰得形象生动或易于理解。市场经济的发展使得销售成为一个热门行业，而行业对销售员的口才要求也逐渐提高。于是，一种全新的沟通技巧逐渐被销售员们认可——利用修辞方法成功地引导销售谈话。如果销售员能了解和掌握这种实用的销售方法，然后应用到实际中去，那么就一定能让原本枯燥的销售语言顿时显得熠熠生辉，客户自然也听得尽兴。

销售情景：

程龙是一名建材推销员，销售能力很强，使得公司的生意红红火火，因此，常有同事开玩笑说："此程龙也不亚于彼成龙啊。"其实，程龙的业绩与他的说话能力是分不开的。

有一次，程龙得知某建筑公司要采购一大批建材，他想，这可是一大笔生意，一定要把握好。但他同时又得知，这家公司的采购经理是个很冷漠的人，无论销售人员说什么他都听不进去，每次采购都是自己经过多番调查才下决定。程龙决定会一会这位采购经理。

这天，他来到这家公司，看到这位经理忙得不可开交，就没有说什么，而是静静地等在门外。到了下班时间，他主动走进去，对这位经理说："采购工作好不好？"

"你看我这样子好吗？"这位经理耸了耸肩。

"你今天已经算是幸运的了，可以待在办公室，一般的情况是：出门是兔子，办事是孙子，回来是骆驼。"

这位经理听完后，哈哈大笑，主动邀请程龙坐下。第二天，这位经理就把这笔大宗的买卖交给了程龙。

分析：

很明显，销售员程龙之所以能获得客户经理的好感，是因为他那句颇有意蕴的比喻句："出门是兔子，办事是孙子，回来是骆驼"。"兔子"是指出门为了赶时间而跑得快；"孙子"是指为了买到所需货物不惜请客送礼，低头哈腰地向人家求情；"骆驼"是指回来的时候不仅要办好货物托运还要给老婆孩子买东西，负担很重。他用形象的比喻说明采购工作是个吃苦受累的活，表达了对客户的理解，客户"哈哈大笑"也就不足为奇了。

可见，语言的力量是巨大的，它可以把两个陌生的人从陌生变为熟悉，从熟悉变成知己或亲密的朋友。在销售的过程中更是如此，即使没有门路，语言也能为你打开销售之门，为你赢得一个良好的销售局面。但现实销售中，我们常常听到这一类的抱怨："这年头，客户怎么都这么难搞定啊？"的确，那些不会说话的销售员通常在表达的时候语言干涩无味，让人听之昏昏欲睡，更没有继续交谈的欲望。而如果能巧妙运用比喻等修辞手法，就能立刻让你的表达绚丽起来。

那么，怎样才能运用好这些修辞手法呢？

1. 掌握一些基本修辞手法的运用原理

比喻：找出两个事物之间的相似点，有相似点才能构成比喻。比喻要有本体、喻体和喻词。比喻可以使被描述的事物形象鲜明生动，加深人们的印象，用它来说明道理时，能使道理通俗易懂，便于人们理解。

借代：不直说事物的名称，而是用与本事物有密切关系的事物来代替本事物。

双关：在一定的语言环境中，利用语义和语音的条件有意使语言具有双重意义，言在此而意在彼，这种修辞手法就是双关。

排比：把结构相同或相似、意思密切相关、语气一致的词语或句子成串地排列的一种修辞手法。它能够使句子结构整齐，语调协调，说理周密，表现充沛，论证雄辩，气势磅礴。

夸张：运用丰富的想象，在客观现实的基础上有目的地扩大或缩小事物的形象特征，以增强表达效果的一种修辞方法。

2. 变换常用的销售语言，充分发挥想象力

有时候，销售语言之所以会平淡无奇，是因为我们束缚了自己的思维。假如我们能在销售语言的训练中转换分析角度，比如，可以从意义方面入手，也可以从形式方面入手，可以着眼于词语，也可以着眼于句式，那么，同样一句话就会出现完全不同的表达效果。比如，在销售中，我们想赞美客户年轻美丽，通常会说：“您身材真好……”但如果转换一种说法：“我听说有‘画中仙’之说，原本还以为是夸张呢，今天算是见识到了。”这里运用的就是“引用”的修辞手法，这样表达，显得更动听。当然，表达之前，最好作一番铺垫，否则会显得唐突。

3. 根据具体的销售环境，灵活运用，随机应变

销售中，有些销售员个性害羞内向而不敢开口，更别说灵活运用语言的艺术。一句话在不同的销售场景中、面对不同的客户时，有不同的说

法，如果不能妥善运用、随机应变，仍然无法发挥修辞的妙处。

总之，销售中，我们在表达的时候，若能正确运用比喻和比拟的修辞手法，干涩的语言就会顿时形象、生动起来！

用对表情，影响客户作出购买决定

人是情绪化的动物，一般来说，人们的情绪，包括喜、怒、哀、乐，往往会直接表现在脸上。因此，生活中，我们可以通过观察人的面部表情得到许多关于此人的信息。销售员每天会接触到许多不同的人，可以通过对方的面部表情来揣测他的想法，同时，对方也会从你的面部表情上判断你的想法。与客户交谈中，不仅要注意自己的语言、语气，也一定要注意自己的神态与表情，神态语气配合得好，才显得更真实。有时候，当你情绪不佳不愿为客户服务时，即使你的语言中没有透露出任何情绪，你的神态也会出卖你，客户是可以知晓你内心的真实想法的。试想，一个表里不一的销售员，客户又怎么能信任呢？

因此，销售员与顾客交谈时，一定要配合自然的动作、亲切的表情，要精神饱满、精力充沛、面带微笑，要开朗、大方，不要羞涩、扭捏，也不要轻浮、泼辣，这样才能使顾客心情愉悦。

销售情景：

陈进是一名刚踏入销售行业的业务员，一切还在学习阶段，因此平时工作很努力，从不敢怠慢客户。

有一天，他和女朋友吵架了，那天，他本想请假的，可是公司临时派他和一位同事去拜访一位客户，他无法推脱，就硬着头皮去了。由于天气炎热，再加上他心情不好，他一路抱怨："这活儿可真不是人干的，挣不了多少钱，还得这么受累。"

见到客户后，陈进努力克制自己的情绪，和客户商量合作事宜。由于对陈进所在公司销售的产品比较信任，也合作过多次，对方并没有刁难他们，很快便答应购买，只差签约手续，陈进终于松了一口气，最后他说：“王总，您看，我们什么时候签约？”在说这句话的时候，陈进的表情痛苦极了，不幸的是，他的表情被客户捕捉到了。

“再说吧……”

听到这句，陈进觉得有些莫名其妙，最终，这位客户并没有购买产品。

分析：

这则销售案例中，客户之所以最终放弃购买，就在于销售员陈进最后那个痛苦的表情，这让客户心中不悦，不免产生了对与自己合作的销售员的种种猜疑。

实际上，表情属于人的非语言交流部分。著名人类学家、现代非语言沟通首席研究员雷·伯德威斯特尔指出：“在典型的两个人的谈话或交流中，口头传递的信号实际上还不到全部表达意思的35%，而其余65%的信号必须通过非语言信号的沟通来传递。”而无论在何种沟通环境下，语言和表情应该有正确的配合，这样才能达到理想的效果。

一个精明的销售员不但会运用语言传达思想，更会关心自己的肢体语言在客户心中的印象，这其中，表情语言尤为重要。因为，只有二者配合恰当，表里如一，才能让客户产生信任感，从而使销售在一种和谐的气氛中顺利完成。

那么，销售员在与顾客沟通时该如何将语气与神态配合好呢？

1. 语言生动、语气亲切

采用生动、形象的语言，并采用亲切的语气，这样才能使客户感到愉快，从而对销售人员产生信任。

2. 态度要诚恳

在与客户沟通的过程中，要让客户感到销售员是诚实的，因为客户是不愿意和一个虚伪狡诈的人沟通的。因此，销售人员说话一定要诚恳，不然，就会引起客户的反感。

3. 要配合适当的表情和动作

与客户沟通时要注意措辞和语气，这一点非常重要，如果说话时表情冷漠，动作呆板，那么，即使再生动的语言也不能起到良好的沟通效果。因此，要同样重视表情和动作的作用，讲话时一定要配以自然的动作、亲切的表情，使顾客心情愉快，但切忌夸张或矫揉造作，以免顾客反感。

当然，这要视不同的销售情况而定。

①迎接客户时

有些销售员遇到顾客光临，虽然嘴上说“欢迎光临”，却面无表情，一点笑容都没有；更有些销售员甚至对顾客上下打量，斜眼看着顾客，这都是不对的。正确的做法是报以微笑，目光集中不游离，亲切地道出“欢迎光临”。

②介绍产品时，恰当使用注视

销售员在向客户介绍产品时，一定要注意自己的眼神，眼神不可游离不定，而要炯炯有神，透露出对产品和对自己的信心，对销售工作的热情、坦荡，这往往要比口头说明更能得到客户的信任。充满热情的眼神还可以增强客户对产品的信心以及对这场推销活动的好感。

③客户试用产品时

这时，销售员需要做到的就是耐心服务，尽量满足其需要，不能有不耐烦的表情。

④客户购买后，要真诚感谢

对已经完成购买的客户，一些销售员虽然表面上说“谢谢，欢迎再来”，但一点也没有感谢的意思。这些生硬、冷淡的语气和态度会带给客户非常不愉快的感受。客户是我们的衣食父母，无论何时，感谢都应该是真诚的。

所以，主动、热情、耐心、周到的服务态度不仅要由口头语言来表达，还要与动作、神态互相配合地表现出来，这样才能达到语言、动作、神态三者的和谐统一，取得服务态度最佳的效果。

沉默，也是一种销售艺术

销售员都想利用自己的口才说服客户，希望在最短的时间内达到实效性的目的。因此，多半情况下，销售员都会口若悬河、妙语连珠，总希望自己能让客户心服口服，但交易结果往往令人失望，与沟通中气势如虹的表现不相匹配。可见，在具体销售中，说得多少不一定与销售成果成正比，有时甚至可以说是“多说无益”。而实际上，如果懂得适时沉默，可能会有不同的成效。这也就是人们常说的“留白”。

销售情景：

美国大发明家爱迪生曾经做过这样一笔生意。

当时，爱迪生已经是一位小有名气的发明家了。当他发明了自动发报机之后，为了能获得一笔建造新的实验室的经费，他准备卖掉这项发明以及技术。但一个把大部分时间花在实验上的发明家哪里知道当时的市场行情，他根本不知道这项发明能卖到多少钱，于是，他叫来自己的妻子米娜，准备与其商量一下。而米娜也不知道这项技术究竟能值多少钱，她一咬牙说：“要 2 万美元吧，你想想看，一个实验室建造下来至少要 2 万美元。”

爱迪生笑着说：“2 万美元，太多了吧？”

米娜见爱迪生一副犹豫不决的样子，说：“我看能行，要不然，你卖时先套套商人的口气，让他先开价，然后你再报价。”

后来，纽约有一位商人听说爱迪生要卖掉自己的这项发明后，很高兴，很快便与爱迪生联系。谈判时，这位商人很快进入主题，问及发明的价钱。因为爱迪生一直认为要 2 万美元太高了，不好意思开口，所以只好沉默不语。

接下来，商人几次追问，爱迪生始终不好意思说出口，正好他的爱人米娜上班没有回来，爱迪生甚至想等到米娜回来以后再说价钱。

最后商人终于耐不住了，说："那我先开个价吧，10万美元，怎么样？"

爱迪生一听很震惊，甚至大喜过望，当场就和商人拍板成交。后来，爱迪生对他妻子米娜开玩笑说，"没想到晚说了一会儿就赚了8万美元。"

分析：

案例中，爱迪生之所以能得到比预期多出的8万美元，就是因为他保持了沉默，起到了以静制动的效果。

销售本身打的就是一场心理战，在没弄清对方的意图前不要轻易地表态。因为沉默不仅能够迫使对方让步，还能最大限度地掩饰自己的底牌。一般来说，买卖双方在内心都有自己理想的成交方式，即使对于同一个问题，一般也总会有两种解决方案，即你的方案和对方的方案。你的方案是已知的，如果你不清楚对方的方案，则务必要设法了解到对方的方案，再做出下一步的行动。

《道德经》中有这样一句话："虚而不屈，动而愈出。"这句话告诫人们要学会"抱朴守静"，以观其动，只有把激烈的情绪平复下去，以一种清静、冷静的心态敏锐地观测事物的运动变化，才能抓住突破口，迅速攻击，克敌制胜。这句话同样适用于销售。事实上，很多销售新手的最大弱点是不能耐心地听对方发言，他们认为自己的任务就是谈自己的情况、说自己想说的话和反驳对方的反对意见。因此，在谈判中，他们总在心里想下面该说的话，而不注意听对方发言，许多宝贵信息就这样溜走了。

那么，在运用"沉默"这种销售语言的时候，该注意些什么呢？

1. 意志坚定，坚持自己的立场

销售中经常会遇到这样一些难以搞定的客户，他们对产品显示出一副可买可不买的态度，而对销售员报出的价格也是不置可否，甚至表明自己和目前的供应商合作愉快，不需要更换合作方。面对这种情况，一些销售经验尚浅的销售员就会站不住立场，作出让步；也有一些销售员则轻信了他们的话，失掉了这笔生意。

事实上，客户这么说只不过是想退一步，进而了解你的底线，所以，无论出现何种情况，你都应该再坚持一下，这不会给你带来什么损失。就在你即将放弃的前一秒钟，通常他们会问："你的最低价格是多少？"这才是他们的本质意图，在这之前复杂的铺垫就是为了这句话。

2. 要沉默有度，不能失掉生意

一个在销售中一语不发的人怎么可能达成交易？和客户比耐心固然没错，但一旦客户作出一些合理的让步，如"好吧，我再让步5%，这是最后的让步，如果你不同意，那么现在就终止谈判"，这时销售员就要识时务，作出回应。如果继续沉默，那么很可能会让客户觉得你已经无意于这笔交易了。

总之，在销售中不要误以为滔滔不绝才能显示自己的语言水平，适时地沉默，引导对方，往往可以以一种特殊的心理状态攻破对手的心理防线，成功达到销售目的。

第7章

话术雷区，掌控语言的分寸感

销售是一项以口才取胜的职业，销售结果如何与销售员的嘴上功夫是分不开的，但很多时候，口才并不意味着口无遮拦、喋喋不休、乱说一气，销售员说话也是有禁忌的。关于这一点，可能众说纷纭，毕竟不同的客户所不能接受的交流方式是不同的。而销售员需要知道的一个最简单的道理就是：你最主要的任务就是用语言和客户交流，并把话说到客户心里，进而达到说服客户的目的。由此可见，什么话该说什么话不该说，这中间的分寸一定要拿捏好，这就需要你注意从原则规范上修饰自己在语言上的不足，完善自己的表达能力，进而体现自己的专业素质，这样才能让客户相信你！

从容不迫，销售需要多一些耐心

任何一位销售员都希望能高效率地工作，能在最短的时间内让客户完成购买。但交易的达成并不是销售员一厢情愿就可以的。人们购买产品时一般都会思虑再三。所以，在销售中，心急吃不了热豆腐，销售员在言谈中不可表现出自己急于成交的情绪，如果一遇到沟通不顺的情况就显得急躁不安，那么，非但把握不好时机，反而会让所有努力都白费，以致功败垂成。

但现实销售中，总是有一些销售人员性子太急，犯了这一交谈禁忌，导致了销售活动的终止。

销售情景：

王飞是一名保险推销员。最近他得知，某公司董事长杨先生在市郊购买了一套别墅，还没有上保险。这天，王飞来杨先生家推销保险。可是，他遇到了这样的事情。

杨先生的儿子很调皮，父母出门时让他在家看电视，回来的时候却发现小家伙不见了，这可吓坏了杨先生和他太太。他们找了半天都没找到，就报了警，郊区本来就很大，找个小孩更是困难，但还好，警察和周围的一些居民也开始帮忙寻找。

王飞看到这一幕，认为这正是推销人身和财产保险的时候，于是他凑到杨先生跟前，开始推销他的保险。当时杨先生很生气，没好气地说："拜托，等我把儿子找到再说好吗？"

谁知，王飞很不识时务，非但没有帮助杨先生找孩子，反倒继续喋喋不休地大谈保险的种种好处。这下可把杨先生气坏了，他太太更是生气，杨先生忍无可忍地对王飞大吼：“如果你肯帮忙把我儿子找回来，那么保险业务的事情咱们日后找个时间再谈。但是，我警告你，你现在要是再跟我提什么见鬼的保险业务，就请你先滚出去！”推销员王飞被客户杨先生说得面红耳赤，夹着公文包灰溜溜地走了。

事后，找到儿子的杨先生越想越生气，于是不再购买王飞所属保险公司的任何保险。

分析：

案例中的保险推销员王飞有如此结果，是因为他太急于求成。首先，他推销的时机就不恰当，客户杨先生当时十万火急，王飞却不知深浅，向客户推销保险，让杨先生很反感。其次，当杨先生希望他能帮助自己找儿子时，他非但没有考虑到客户的感受，反倒继续喋喋不休地推销，这让客户更加生气。可见，是王飞自己断送了自己的销售之路。相反，如果销售员王飞在客户丢失孩子的情况下细心地帮助杨先生找到孩子，客户一定会心存感激，事后再商量保险的事，说不定结果会大大不同。

急功近利，行事冲动，是很多销售活动失败的重要原因。实际上，客户进行购买活动时也需要权衡各方面的因素，如产品特征、购买能力等，同时也会受到主观因素的影响，如心情好坏等，因此，他们需要一定的考虑时间。对此，销售员要加以理解，并耐心等待顾客作出决定，即使客户存在异议甚至故意刁难，销售员也要做到不慌不乱、不着急，耐心地解决。

那么，如何克服销售过程中焦躁不安的心理，让言谈更加理智、平和、有效呢?

1. 有恒心，坚持到底

销售工作最需要的就是恒心和坚持。销售工作很难一次就获得成功，大都需要不断坚持，在遭到客户的拒绝时不要气馁，要给客户时间和机会来决定，然后利用自己的口才去打动他们。销售员在观察到客户有购买的意向时，应立即抓住时机，然后一步一步让客户作出成交决定。

2. 始终保持心态平和、不骄不躁

俗话说得好，欲速则不达，销售也是一样。所以，无论你所处的销售情景是怎样的，都要保持心态的平和。当客户表示可以签单的时候，不可得意忘形。喜形于色会让客户有种被欺骗的感觉。当客户迟迟不肯成交时，也不要急躁，把客户当成自己的朋友，肯定会轻松得多。

3. 沉默是金，以静制动

俗话说：沉默是金。销售员在与客户交谈时，有时也需要沉默。要知道，口若悬河并不是真正的口才。当然，要做到以静制动，还需要我们做到心中有数，清楚产品对客户的重要性，了解客户的需求和意向，力求把握整个销售活动的主动权，不被客户的话所左右，让客户看到一个立场坚定、不卑不亢的自己。这样一来，就算客户对产品还有几分迟疑，也可能被你折服，从而作出成交决定。

礼貌用语，体现对顾客的尊重

销售员都知道“顾客就是上帝”这句话，客户是否购买产品直接关系到销售结果乃至销售员的生存状况。所以，销售员不管遇到何种情况，都要控制自己的情绪，随时保持良好的态度，不要说那些随心情的话，更不要与客户争吵、得罪客户。

销售情景：

小王是一家首饰包装盒生产厂商的销售员。一次，他与一个珠宝商进行洽谈，好不容易谈妥了价格，双方都比较满意。小王见时机成熟，于是提出成交要求。没想到，客户经理此时却表示，商店里还有一批礼品盒没用完，待到把那批礼品盒用完后，一定来订货，并答应最迟一个月。小王此时被客户突如其来的要求弄得很不快，但考虑之后，还是觉得要从长远考虑，因此，他极力控制了自己的情绪，并没有表现出来，而是欣然接受了。但一个月后，当小王按照约定前来签约时，对方又表示有意购买另一家更便宜的装饰盒。客户出尔反尔，怎么能这样呢？但小王心想，即使再有情绪，也不能生气，否则这笔生意就真的泡汤了。于是，他深呼吸几次后，与客户进行了新的一轮周旋。

小王：哦，可以冒昧问一下是哪家公司那么荣幸能和贵公司合作吗？

客户：A公司。

小王：不错，据我所知，A公司的礼品盒确实比较便宜。但是，刘经理你想过没有，像贵公司这么有品位的珠宝商当然需要配档次相符的礼品盒，否则很难突出贵公司珠宝的优越品质，您说呢？

客户：当然……

小王：我想，如果为了礼品盒价格便宜而影响贵公司珠宝在客户心中的完美品质，这是非常不值得的，您说是吗？

客户：也是，不过他们的礼品盒也不错……

小王：对，他们的质量也不错，但是您要知道，卖珠宝的B公司就是用的这家工厂的首饰盒，而B公司的珠宝品质是无法与贵公司相提并论的。而我们公司的宗旨和贵公司一样，品质决定一切，所以我建议您再考虑考虑。

客户：嗯，你说得也对。

小王：那您看还有什么疑问或顾虑吗？

客户：没有了。

小王：那我们先把合同签了吧！（拿出合同，顺利签单）明天还是后天送货呢？

客户：下周一吧！

分析：

案例中，销售员小王之所以能挽回销售局面，让客户重新决定购买自己的产品，就在于他能控制自己的情绪。客户前后都以各种借口拒绝购买，他没有与客户争执，而是耐心、细心地劝说客户。

可以说，一个销售员要想获得良好的销售业绩，就必须要控制好自己的情绪。在销售中随时可能会遇到让我们气愤、伤心甚至无奈的事，但无论如何，都不能说出随心情的话，因为随心所欲地说话本身就是销售的大忌。

那么，销售员该怎样做到控制好自己的情绪呢？

1. 加强自身修养

一个具备良好修养的人一般是不会轻易动怒或者生气的。所以，为了使销售成功的几率更高，销售员要加强自身的修养，做到宽容大度，具备耐心，能克制自己的情绪，不管发生什么样的事情，都绝对不说那些随心情的话。

2. 不要反驳客户

假如客户所说的某些话是错误的或不真实的，销售员绝不能直接反驳，那样做会让客户很没面子，甚至大动肝火。这时，如果客户所说的话是无关紧要的，销售员就可以不予理会，继续谈话。如果客户对于产品或服务有误解，你就应该采取先肯定后否定的谈话方式，如，“您说的没错，但……”也就是先同意对方的观点，然后再以一种合作的态度来阐明自己的观点。

3. 注意遣词用句

销售员在遣词用句上要特别留意，说话时态度要诚恳，绝不能针对人，切勿伤害客户的自尊心，并要让客户感受到你的专业与敬业。

4. 多把说话的机会交给客户

客户有异议时，销售员要让客户说清楚他拒绝的理由，并认真听取客户的意见，进一步判断客户的需求情况。其实，让客户多说，销售员不仅可以了解客户对自己的建议的接受程度，而且可以平复客户的某些不愉快的情绪，让客户有了一定的宣泄后，沟通起来就好多了。

总之，作为销售员，我们始终要谨记客户是我们的上帝，客户永远是对的。我们随时都要保持良好的销售态度，面对销售中的种种状况，要拿出耐心和诚意，心平气和地与客户沟通，这样才能让销售变得顺利。

避实就虚，回答问题不必太全面

任何一位销售员都害怕客户的刁难或者拒绝，但这是不可避免的，多数的销售过程中都不可避免地存在客户的异议。甚至可以说，销售员碰到的被客户拒绝的可能性远远大于销售成功的可能性。实际上，出于对销售人员的防备之心，人们除非对产品很感兴趣，否则，拒绝是他们的本能反应。即使对产品感兴趣，客户也会提出很多让销售员无法回答的问题，而有时候，面对客户的某些看似反驳或者拒绝的问题，销售员不必一一作答。

销售情景：

有个叫马飞的研究生，毕业后就被一家大型的保险公司录用，被任用为总裁助理。但在他正式上任前，公司领导层考虑到他对保险行业的生疏，决定先让他熟悉一下市场，在基层先做几个月。也就是说，刚开始的几个月，他要和底层推销员们一起跑业务。为了有个好的开始，他参加了公司的各种培训课程，也让前辈教了自己各种业务技巧。但他并没有获得大家想象中的成功。最后，公司也解聘了他。为什么会出现这样的情况呢？

原来，他有个致命的弱点，那就是无法接受客户的拒绝。他面对客户时，如果客户直截了当告诉他“我对人身保险没有兴趣”，他就无法把谈话继续下去。

分析：

案例中的这位销售员之所以不能成功，是因为他无法摆正心态，无法接受客户的拒绝，面对客户一些无关痛痒的拒绝原因，无法作出回应。实际上，让客户发现自己的需求，收回其“不需要”“不感兴趣”等拒绝原因，是销售员的工作。

研究表明，客户拒绝销售员往往是习惯性使然。这和大众的性格有关，大家一般都会对现状不满意，渴求改变，但同时又对新事物抱有抵抗情绪，会出于对新事物的不够了解和不能把握而排斥新事物，大多数情况下宁可维持现状。

所以，销售员在和客户沟通的过程中，面对客户提出的一连串问题或者反对的话，完全可以忽略，如果纠缠在该问题上，只会阻碍销售的进程。我们要做的就是越过这些问题，深入进去，找到客户真正拒绝的原因。具体来说，有以下几种情况。

1. 客户称：我只是看看，不想买

这些客户在刚与销售员见面时，便会先发制人地说“我只是看看，不想买”或者称“我不需要”，这是销售员在推销伊始经常遇到的客户的拒绝方式，人们似乎已经把其当成一种拒绝销售人员的口头禅与挡箭牌。

有统计数据表明，将近80%的顾客对现有的产品或者服务感到不满意，却又不想采用任何措施去改变现状；有85%的客户实际上没有非常明确的需求。

事实上，这类客户虽然持否定态度，但这只不过是一种心理抗拒的表现。一般来说，对客户的这种态度不必在意，因为他的话并非出自真心。只要我们主动一点，主动亲近客户，他的防备心自然就消除了，因此，可以说这类客户是最容易成交的类型。

2. 客户对产品感兴趣，却指出产品的某些小问题

在销售员和客户沟通的过程中往往会遇到很多问题，比如，一位客户似乎对一款家电感兴趣，但在购买决定作出前突然指责家电上存在的一些小问题，在销售员和他争辩的过程中，客户愤然离去。其实客户所指的问题很可能是他想要降价的借口，而不是问题本身。这样的异议是不需要回答的，解释和争辩只能使问题越来越乱。

3. 客户称：我没钱

这种问题实在是让销售员烦恼。但是，这句话在更多的时候也只是一种借口，如果客户对产品的需求是强烈和必需的，由此产生一种“紧迫”的需求，没钱的借口就不攻自破。因此，销售员不必因为客户提出“没

钱”的异议就否定这次推销。如果出现了这种情况，说明你对客户的需求启发不够，没有足够让客户体会到产品能给他带来的益处。

当然，销售员不必正面应答的问题还有很多。比如，客户明知故问的发难，容易造成争论的问题等，对于这些问题，销售员可以不予回答。因为这些问题会随着销售进程的进行而自行消失，最宜采用的方式是：沉默、假装没有听见，或是答非所问，扭转对方的话题。

长话短说，忌讳废话连篇

销售员都希望在与客户沟通的过程中所说的话能得人心，对客户产生积极的效应。于是，为了能让客户接收到关于产品的更多信息，有些销售员常常不顾客户感受，一味地表达自己的观点，却常常事与愿违，让客户生厌。通用电气公司的一位副总经理曾说：“在代理商会议上，大家投票选出导致销售员交易失败的原因，结果有314个人——也就是一多半的人认为，最大的原因在于销售员喋喋不休，这是一个值得注意的结果。”

可见，喋喋不休、夸夸其谈是销售员在接近客户的过程中最容易犯的一个错误，同时也是销售的大忌。所以，导购人员在了解和掌握了足够的产品信息的同时，也十分有必要培养和锻炼自身的语言组织和表达能力，尽可能地用最清晰、简明的语言使客户获得其想知道的相关信息。

销售情景：

某商场名表专柜来了一位年轻时尚的男士。

销售员：“这位先生您好，我是××品牌专柜的销售员，很高兴为您服务。”

客户：“你好！”

销售员：“我看先生的气质不凡，品位高雅，一定想买一只与自己相匹配的名表。”

客户："哦。"

销售员："每个品牌的表都有不同档次，我们的产品也是，我建议先生还是佩戴一定档次的表。"

客户："嗯。"

销售员："我们品牌××系列产品，很适合您这样的商务人士，更能凸显您的气质。首先，它的表面是采用……其次，它的机芯是……"

客户："对不起，我今天还有点事，回头有时间再来吧。"

分析：

上述这位销售员犯的最大错误就是不顾客户的感受，一味地阐述自己的观点，引导客户购买。但销售活动并不是销售员一个人的事，你说的任何话只有对客户产生积极的听觉效果才能促成购买。如果说话啰唆，没有重点，不仅耽误了客户的时间，还会显得你没有过硬的专业素质，甚至会让客户产生怀疑：这样的销售员说的话可信吗？是不是他的产品质量有什么问题？要不为什么会急于卖给我？所以，对于销售员来说，喋喋不休很容易会让客户产生疑问和反感，以致失去销售的时机。

简洁，是对表达的语言量的要求，就是说话要求简练，不重复、啰唆、多余；而明晰，就是对说话效果的要求，就是要把意思表达清楚，使对方准确理解其含义。总的来说，简洁明晰的语言表达就是以最少的语言传递最多的信息，突出重点地宣传、销售产品，这需要销售人员对产品相当熟悉，并且有良好的语言表达能力。

那么，具体来说，销售员应该怎样将观点简洁明晰地表达出来呢？销售员要注意以下几点。

1. 事先对客户进行了解，让沟通具有针对性

销售员在与客户沟通前应该对客户的自身情况尽量作更多的了解，从而了解客户的思想、需求、愿望、不满和抱怨，甚至客户的气质等重要信息，从而有针对性地与客户进行沟通，以便利于商品销售。

如果销售员在与客户的交谈中只顾自己夸夸其谈，只会造成客户没机

会去向销售员传递相关信息，因为销售员占用了绝大部分时间。而销售员不明白客户的真正需求，就不能及时地调整销售策略，最终就会失去成交的机会。

2. 凝练、专业、简洁的语言

这要求销售员做到以下几点。

①表达不冗余，词句简练，信息有一定的必要性。讲话絮絮叨叨的销售员应当加以改正。

②信息不重复，即说话不可啰唆、重复，表达言简意赅、精练，措辞有表现力，也不要总是把口头禅挂在嘴上。

③表达明确，不可模棱两可，也不要使用那些令人费解的词语。防止误解，避免歧义。说话不要吞吞吐吐，不要说一些似是而非的话，要一是一、二是二，把要表达的意思说清楚。

3. 适时倾听，有效沟通

对于销售员来说，用心倾听别人的谈话是一门必修的功课，这不仅是对客户的尊重，也可以给自己更多的思考对策的时间。所以，销售员必须记住，和客户的交谈不是演讲，不能多说少听甚至只说不听。不注意倾听客户的谈话便无法了解客户的需求，不能做出有针对性的对策，也就不能从中找出有利于成交的时机，往往导致沟通的失败。

言简意赅的语言往往更有表现力和说服力，这就是有些销售员反复劝说客户购买却起不到作用的原因。能够简洁明晰地表达出自己的观点是一个优秀的销售人员必须具备的素质。因此，我们要想加大成功推销的把握，就要尽量使用最清晰、简明的语言，使客户获得想要知道的相关信息。可见，锻炼和培养良好的语言组织和表达能力对一个销售员来说至关重要。

信守承诺，但不轻易许诺

做销售最重要的就是讲诚信，要做到“言必行，行必果”，面对客户，不应该轻易许诺。一旦答应了客户的请求，就一定要做到，否则就会失去客户的信任。

而现实销售中，一些销售员为了能吸引客户，或者为了使客户尽快地签单或购买产品，无论客户提出什么样的要求都先答应下来，甚至主动向客户许诺自己做不到的事情；而当客户要求实现当初这些承诺时，销售人员却不能兑现，引起客户的不满和抱怨，以至于有时客户会取消当初的订单。每当这种事情发生的时候，销售员所损失的不只是某个客户，还有作为一名销售员应该有的诚信，日后，谁还会与这样的销售员合作呢？

销售情景：

百事可乐的总裁卡尔·威勒欧普到科罗拉多大学演讲的时候，有一个名叫杰夫的商人约卡尔见面谈一谈，卡尔答应了。正当卡尔兴致勃勃地为大学生们演讲时，有一个人走到他的面前，放下一张纸条，上面写着：“您和杰夫·荷伊约定的时间到了。”

卡尔没有犹豫，他对大学生们说：“谢谢大家来听我的演讲，本来我还想和大家继续探讨一些问题的，但我有一个约会，而且现在已经迟到了。迟到已经是对别人的不礼貌，我不能失约，所以请大家原谅，并祝大家好运。”在雷鸣般的掌声中，卡尔快步走出礼堂，他在外面找到了正在等他的杰夫，向他致了歉意后，又耐心而诚恳地回答了杰夫所提的问题。

后来，杰夫成了一名成功的商人，他把这一段经历告诉了他的朋友。他的朋友们都对百事可乐产生了信任并决定加盟百事可乐的经销体系。

分析：

从卡尔的这段经历中，我们受到了启发：从事营销行业，最重要的就是要有说到做到的品质。因为，无论是做人还是销售，成功秘诀中最不能缺少的两个字就是——诚信。因此，销售人员一旦许诺了客户，无论你有多忙，也不论有多么重要的事等着你去做，你都一定要遵守自己的承诺并且去做好它。而对于那些没有把握的事情，就不要轻易许诺；对于那些客户主动提出的要求，如果不能做到，也要诚恳地向客户道歉，并说明原因，切不可不了了之。

可见，销售员随便对客户作出承诺，到头来吃苦头的还是自己。那么怎样才能避免类似的情况发生呢？

1. 在条件允许的情况下，给予客户能够兑现的满足

有时候，我们发现客户确实想购买，却因为某些客观原因无法购买，所以想要你在支付时间上给予宽松的余地，此时，你不妨再问询更高一级的领导人员，为客户说说情，这样一来，即使上级不答应，客户也不会怪罪于你。而如果你能为客户争取到这一特权，那么，客户自然也会大加感激。

2. “礼尚往来”法拒绝

如果客户提出了他的需求，你想让他明白你不能答应他，你就可以采取一种“礼尚往来”的策略，提出他不能接受的条件，这样对方就会知难而退，转而由你来控制局势。

3. 补偿法拒绝

对于客户提出的某些要求，我们无法满足时，不可轻易许诺，但可以通过满足客户其他方面的要求来弥补这一不足，如以赠品来拒绝降价就是补偿法拒绝的最好体现。

4. 无奈地拒绝

有时候客户会提出一些让销售员无法兑现的条件，为了推销成功而作出一些无法实现的承诺是不明智的。这时销售员应本着诚信的原则无奈地表示拒绝，这样反而会获得对方的信任和同情，使成交顺利进行下去。当然，拒绝客户也要讲究方法，不能伤害客户的感情，否则很可能彻底失去客户，对此，不妨利用这样的话术：“对不起，这个已超出了我的权限之外，请见谅……”“如果法律允许的话，我也同意。”这样委婉地指出客户的要求已

经不属于自己同意的范围，既向客户表达了拒绝，又能求得客户的谅解。

总之，作为销售员，你一定要记住这三点。说到要做到，不能做到的不要轻易许诺；每一次承诺，都是向客户证明你的诚信；每一次实现承诺，都会增加客户对你的一分信任。

第8章

销售技巧，变幻无常的心理战

现实销售中，一些销售员总是会有这样的苦恼：无论他们怎么巧舌如簧，怎么将产品的卖点传达给客户，怎么劝说客户购买，客户似乎总是不为所动，甚至还没等销售员开口，他们就习惯性地拒绝——这是为什么呢？原因很简单，因为他们的话没有说到客户的心坎上。此时，我们不妨实施一点言语操控，只要你掌握了客户的心理，说客户想听、爱听的话，客户自然“心随你动”！

适当使用激将法，迫使顾客作出决定

销售过程中，销售员都希望能一步到位解决所有问题，即客户不存在任何异议，对自己的工作表示理解，痛快地买下产品，对售后工作也表示支持等。但事实上，这只是自己的一厢情愿。事实多半是完全相反的，甚至在刚开始约访客户的时候便遭到客户习惯性地拒绝，无论怎样设法吸引客户的注意，他们似乎都不为所动。这种情况下，销售工作该怎样进行下去呢？

另一种情况，当销售工作进入谈判搁置阶段，双方相持不下时，尽管销售员解决了所有的异议并反复劝说，但是客户仍然是不为所动，似乎他们并不急着购买。面对这种情况，销售员又该怎么办呢？

当销售常规方法不起作用的时候，可以运用另一种方法来争取客户。这就是销售过程中常见的激将法。顾名思义，它是一种通过刺激客户促使客户情绪激动从而产生兴趣或是购买行动的方法。

销售情景：

小李是一家打印机销售公司的销售员，他的客户——陈经理，是一个墨守成规的人。尽管他们办公室的打印机已经非常老旧、几近淘汰了，但是这位经理仍然不打算更换。小李多次和他电话联系，每次都针对那台老旧的打印机大做文章，试图促使对方尽快购买，但是每次都无济于事。

万般无奈下，小李决定上门劝说。来到陈经理的办公室后，看到那台陈旧难看的打印机，小李突发奇想，决定用激将法来刺激客户的骄傲心理，冲破客户的固有思维。于是他拍了拍那台打印机，感慨道："T型福特，T型的啊！"他的声音不大不小，刚好能让公司里所有的人听到。

“T型是什么意思？”陈经理有点尴尬。

“没什么，T型福特曾经是一款非常流行的汽车，但是现在它只是一个怪物。”小李说。

陈经理很尴尬，之后，在同小李的交谈当中，他一度陷入沉思。最后，当小李即将离开时，他主动提出想购买小李的激光打印机。

分析：

案例中，打印机销售员正是利用了激将法，让一个惯于墨守成规的客户产生了失衡的心理，从而让其主动提出购买打印机。可见，激将法是一种有效促进产品成交的方式。

激将法运用的原理是从人们的心理出发，因为人们都有害怕产生损失和威胁的心理。为此，销售员只要让客户明白轻易拒绝自己会让他产生巨大的损失，他们便容易采纳意见，以摆脱内心的不安和忧虑。无论是在电话沟通中还是在谈判当中，销售员都要审时度势，必要时巧妙运用激将法。

因此，在使用激将这一方法时，可以从以下两个方面努力。

1. 产生损失

人们购买产品不是为了满足自身的生产需要，就是为了带来利益。客户的某些利益是必须要在购买产品后才会拥有的，而没有人会眼睁睁地看着自己蒙受损失而不为所动。当销售员告诉客户如果不购买产品就即将失去某些利益，甚至遭受某种损失的时候，客户往往会非常重视。为了避免利益的流失，他们会尽可能地挽回，所以，使用激将法后，客户一般都会向销售员敞开大门或是立即成交。如：

销售员：这批是我们厂最后一批A型号经典设备，我们现在生产的所有设备都采用了新的工艺和技术，像这样经典的老设备可就是最后一批了，而且价格如此优惠，如果贵厂不加快行动，指不定哪个厂家就买去了。

2. 受到威胁

人们都有害怕改变现在良好的安稳状态的心理，所以，只要不存在某些既得利益方面的损失，人们往往是不为所动的。但从另一个角度考虑，还可以从另一方面来刺激他们。也就是告诉他们，他们的既得利益会受到威胁。在某些行业中，无论是安全隐患还是经济风险，都会使人们的利益受到潜在的威胁。销售员要做的就是告诉客户这种威胁不可不防，并不断暗示其这种威胁的存在，而这种威胁“只有我能帮你预防”。这样客户就会接受我们，最终同我们成交。如：

销售员：酒吧和KTV是火灾安全隐患最严重的地方，而且这些地方经常都会发生打架斗殴等事情，必然会使贵公司遭到损失，所以我建议您了解一下我们这份保险业务。

当然，除了经济利益或是人身利益受到威胁会引起客户重视以外，企业形象、客户个人的尊严等受到威胁和质疑时，也可能促使客户重视起来。

同样，激将法也适用于销售中“买与不买”的谈判阶段。想要让客户尽快作出决定，销售员可以告诉客户，如果他不购买，他将面临巨大的损失或是某种麻烦或问题。在客户的承受范围内，给客户制造一些压力，他们就会很快作出决定。

在运用激将法的时候，还应注意以下几个方面。

销售员在使用激将法提醒客户的时候，最好先掌握客户关注的焦点。从焦点入手，让他们了解拒绝可能会导致关注点的损失。

销售员要主动出击，用最有效的方式走近客户，引起客户注意。

投其所好，抓住顾客的心

销售员每天都要接待不同的客户，不同的客户有不同的性格，所能接受的交流方式也是不同的，人们常说“到什么山上唱什么歌”，与客户交流也是如此。现实销售中，我们会发现有这样一类客户，无论销售员说什么，他们都显出一副不可一世的神态，并表现得比销售员更专业，希望销售员能聆听自己的教导。面对这种客户，底气不足的销售员常不知所措，不敢继续接待。也有一些销售员，为了证明自己，与客户进行一番理论，而到最后，不仅让生意白白溜走，还让自己乃至公司的形象受损。其实，对于这类客户，我们如果能放低姿态，多说些甜言蜜语，满足其虚荣心，销售就会顺利进行。

销售情景：

小王是某商场奶粉专区的销售员，一天，一位客户来购买奶粉。

小王：“先生，请问您购买奶粉给谁呢？”

顾客：“给我家宝宝，他才一岁。”

小王：“先生，我们这里的婴幼儿奶粉很多，都很不错，不过我推荐××品牌的奶粉，现在这种奶粉卖得很火。”

谁知，这位客户撇撇嘴，冷笑一声：“你就别提这奶粉了，上周我才听了报道，这种奶粉被查出有××成分，这个生产厂家因产品出现质量问题，差点被告上法庭。你说，这种奶粉，我敢要吗？”

小王一听，知道遇到内行了，她立刻改变策略，恭维道：“是吗？我真是孤陋寡闻，没听说这事儿，您真行！这么内幕的事都能知道，跟您相比，我们真是井底之蛙了。”

客户：“那是！我以前也代理过很多婴幼儿用品，奶粉行业的这点破事，哪能逃过我的耳朵。”客户得意扬扬。

客户这样回答，小王立马知道了，原来这是个爱听软话的客户。于是，她接着说：“原来是老前辈！刚才我还跟您推荐产品，真是班门弄斧了。那您觉得买什么样的奶粉才放心？”

客户：“告诉你，××品牌的奶粉就不错，我亲戚家的几个孩子都是喝这奶粉长大的，我们家宝宝出生后，我一直买的也都是这种奶粉，价格也合理。”

小王趁机说道：“跟您聊一会儿，真长见识！您要几罐？我给您拿去。”听罢，客户痛快地要了两罐。

客户离开前，小王还不忘恭维道：“以后，您可要常来我们商场啊，您的指导对我很有用！”

分析：

案例中的奶粉销售员小王是精明的，在她向客户推荐奶粉遭拒后，她便立即改变策略，改用恭维的方式。后来，在小王了解了客户的性格、得知客户是爱听软话的人之后，她更加确信适度恭维能对其产生作用。果不其然，在小王的一番恭维下，顾客心甘情愿地购买了产品。

的确，在销售中，我们常常会遇到此类客户，他们自高自大，因为对产品存在一些认知和见解，便有某种优越感，基本上不会听导购员的意见。面对这类客户，如果我们以说教的方式劝客户购买，恐怕是不起作用的，而如果能对其进行一番投其所好的恭维，说些软话，满足其心理，那么销售工作进行起来便容易得多。

那么，具体来说，该如何应付这类爱听软话的客户呢？

1. 准确、快速判断出客户的特性

这类爱听软话的客户一般在销售伊始就表现出主动的姿态，他们会对销售员的服务态度、专业水平或者对产品性能等方面提出很多的要求。对此，销售员一定要善于察言观色，摸清客户的基本特性，进而揣摩他们的心理、特点和利益需求，在说话的时候对症下药，准确地找出应对策略。

2. 放低姿态，多讨教

这类客户在与销售员交谈时，要么对销售员的推荐默许地点头，偶尔针对不足之处作善意的更正；要么是急于表现自己，不等销售员开口，就喋喋不休地向销售员传授专业知识，对于销售员推荐的产品的不足之处会无情地指出，使销售员下不了台。因此，销售员可以降低姿态，以讨教的语气进行交流，利用他们好胜的心理来促成销售。

3. 多说恭维话

销售员不妨对客户渊博的学识表现出敬佩的样子，这不仅能让他们狂妄的心理得到满足，也会让他们为了表现自己而向销售员传授更多知识。

西方有句格言："请用花一样的语言说话。"面对这类爱听软话的客户，如果你想获得成功，不妨多说些甜言蜜语，使你的语言像花一样绽放，让客户心情愉悦起来，使之与你进行更好的交流，为销售的成功奠定一个好的基础。

设置悬念，激发顾客的好奇心

生活中，人们都有好奇心，对自己不熟悉、不了解、不知道或与众不同的东西，人们往往会格外注意，尤其是对那些自己已经产生兴趣的事物，更是想一探究竟。所以，我们在与客户沟通的过程中，不妨利用他们的这一心理，话到嘴边留半句，客户的胃口被吊起来后，自然会追问下去。这是一种巧妙的推销方法，也是一种打动客户的技巧和艺术。

与客户交谈之初，可以暂时不提推销之事，先设置一个悬念，激发客户想知道的好奇心，然后在一个恰当的时机让他的好奇心得以满足。如此一来，你的业绩就水涨船高了。

销售情景：

汤姆是一名厨具推销员，由于他出色的口才，他的销售业绩很好。他曾经有这样一次推销经历。

那天，他准备向某准客户推销一款280美元的厨具。

他按响了门铃，等他道明了来意后，客户当场就拒绝了他："我是不会购买这种又贵又没用的东西的，请你走吧。"客户态度如此坚决，让汤姆碰了一鼻子灰，但汤姆想，决不能放弃，一定有办法可以让客户接受自己的产品。

第二天一大早，汤姆又来了。这次，客户的态度还是和昨天一样，看到来推销的汤姆，他依旧坚决地说："我昨天不是说过了吗？我是不会买你的东西的。"这次，汤姆并没有急着介绍自己的产品，而是从口袋中掏出一张一美元的钞票，当着客户的面把它撕碎，对客户说："你心疼吗？"客户吃惊地看着他，心想，这人真是疯子。汤姆没等客户回答就离开了。

第三天早上，汤姆又在同一时间来到客户家。客户开门后，汤姆又掏出一张一美元的钞票，当着他的面把它撕碎，然后问："你心疼吗？"

客户说："我不心疼。这又不是我的钱，你要是愿意的话，可以继续撕。"

汤姆说："我撕的不是我的钱，而是你的钱。"

客户很奇怪："怎么会是我的钱呢？"

汤姆并没有马上回答客户，而是停顿了会儿，这时，客户急了："你倒是说啊！"

此时，汤姆才缓缓地说："您自打结婚起，住在这房子里，已经有20年了吧？如果这20年，你使用的是我的烹调器具做饭，每天就可以节省1美元，一年节省360美元，20年就是7200美元，这就不等于撕掉了7200美元吗？你今天还是没有用它，所以又撕掉了1美元。"

客户被他的话说服了，立刻购买了汤姆的产品。

分析：

案例中，厨具推销员汤姆之所以能转败为胜，就在于他设置了一个悬念，唤起了客户的兴趣和好奇心。如果销售员可以利用悬念唤起客户的好奇心，从而引发客户的注意和兴趣，就可以迅速转入详谈阶段。

那么，如何制造悬念呢？又怎样吊起客户的胃口，让客户有一探究竟的欲望呢？对此，没有固定的模式，只要能引起客户的注意就好。但采取这种方式时还是要注意很多问题的，要避免用错悬念，否则会引起客户的反感。

1. 悬念要与产品相关联

这种关联可以是直接的，也可以是内在意义上的。如果销售员的悬念和产品无关，等客户了解了具体情况时就会明白一切，而销售员的努力只能白费。

2. 悬念不可怪诞

销售员可以运用各种类型的悬念方法，但这种方法必须是有道理可循或有事实依据的，不能凭空捏造一些奇谈怪论来吸引客户。

3. 要让客户真正感到好奇

悬念的针对目标是客户，销售员使用的方法不能只是自己觉得好奇，而忽略客户的心理感受。

4. 控制好悬念产生与解答之间的时间

对于销售方来说，为客户制造悬念也要见好就收，不要无节制地让客户猜疑。一旦客户失去了兴趣，那么，精心设置的悬念也就不起作用了，甚至会让客户觉得你故弄玄虚，觉得自己受到了欺骗。

制造悬念主要是为了引起顾客的好奇心，提高客户的注意力，并让客户有探究问题答案的强烈愿望，当销售员将客户的好奇心转向产品的性能时，就达到了宣传和推销的目的。因此，制造悬念是销售员应该具备的能力和掌握的技巧。制造悬念除了要具备广博的知识外，还要善于揣摩客户的好奇心理，进行仔细的编排，这其实是一门巧妙的艺术，需要花费力气，下一番苦功。

借用真实案例，增强产品说服力

销售过程中，销售员要达成交易，首先要解决的问题就是激发客户的购买欲望，让客户动心，客户对产品没有任何兴趣，何谈购买？而现实销售中，有时候销售员使出浑身解数，向客户展示产品的众多优点，可客户似乎不吃这一套。但如果换种推销的方式，比如，向客户展示一些真实案例，进而放大客户的需求，就会让客户有种紧迫感，令其加快购买的脚步。

销售情景：

有一位客户想要购买燃油锅炉。一些销售人员得知这个消息之后，纷纷跑来向客户介绍自己公司的产品。这让客户感到非常为难，因为他之前从来没有跟这些公司合作过，也不知道哪一家的产品更加可靠，所以一时半会儿拿不定主意。

这时候，有一位销售员摸清了客户的心思，在产品的介绍材料里夹了一份客户联系名单，而且其中有一个客户就是这个客户的邻居。于是这个客户给邻居打了个电话。

从邻居嘴里得知该公司的产品质量还不错，销售员也值得信赖，该客户就选择了这家公司的锅炉。

分析：

案例中，这位销售员是聪明的，一张客户联系名单能说明很多问题——这种燃油锅炉很畅销，该客户的邻居们都购买了，产品质量自然信得过。这份销售员的客户名单是真实可信的，并不是杜撰的，客户自然更深信不疑，最终他不费吹灰之力就说服了客户。

的确，在销售过程中，最忌毫无事实证据的论述。因为，对于陌生的销售员、陌生的产品，谁都会心存戒备，更别说信任了。此时，若我们的言谈没有事实依据，则会加深客户的疑心，也就无法激发客户的购买欲望；而如果我们能展现现实例证，给客户吃一颗定心丸，自然会增强客户购买的信心。

对此，可以从以下几个方面来着手。

1. 用具体的真实的事例来说明问题

真实的事例是一种具有说服力的论据。比起抽象的产品质量报告，具体真实的事例显得更加形象生动。如果销售员告诉客户：“我们是奥运会合作伙伴，这是我们合作的标识。”那么客户不仅会欣然接受，也会深信不疑。

另外，销售人员给客户所举的案例一定要真实，否则就是搬起石头砸自己的脚。

2. 表明产品的畅销度

生活中，人们都有一种从众心理。在购买活动中，这种心理体现得更为明显，这是降低内心危险意识的一种典型体现。销售人员要想促成客户购买商品，利用这种从众心理促成交易也是一种不错的选择。尤其对于那些追求流行的客户，这一招非常管用。比如，你可以拿出产品销售情况表，告诉客户：“您看，这是我们这个月的销售情况和客户反馈意见表……”另外，这是产品畅销度最好的证明，客户自然会打消心中疑虑，购买产品的欲望也就更强烈。

3. 借助权威为产品打广告

销售员可以借用专家的研究或分析结果，也可以借用知名人物或企业的合作来强调产品的“品牌”。这种事例资料浅显易懂，真实可信，十分具有说服力。如，“某500强企业一直在用我们的产品，到现在为止，已经和我们公司建立了5年零8个月的良好合作关系。”在说明的同时，用一些图片或是资料进行辅助证明，能发挥出更好的效果。

可见，客户对产品提不起兴趣并不是客户不需要，很多时候是我们没有激发起客户的购买欲望。此时，如果我们能为其摆出一些事实例证，那么就可以激发客户对产品的信任度，从而让其放心购买！

第9章

销售拓展，打造有效销售人脉圈

销售工作的第一步就是寻找客源，如果不知道潜在客户在哪里，向谁去销售产品呢？可见，若没有丰富和高质量的潜在客户，成功便无从谈起。我们经常看到一些销售员为找不到客户而犯愁，而实际上，身边的亲朋好友、同学，有时甚至是陌生人都应该成为你的资源中的一部分。但是，要想学会充分利用这些资源，充分挖掘这些人脉，还必须充分利用自己的口才，在挖掘客源的时候，如果我们能学会有心“套话”，销售工作就会顺利得多！

联系亲朋好友，让其成为忠实客户

“客源在哪里，去哪里寻找潜在客户呢？”很多销售人员都为此犯愁，我们也都深知潜在客户对销售工作的重要性。如果没有客源，向谁去销售产品呢？也就是说，没有丰富和高质量的潜在客户，成功就无从谈起。而实际上，我们可能忽略了身边最有力的人脉资源——亲朋好友。香港企业界流传一句销售格言：“亲戚朋友是生意的扶手棍。”利用私人关系是销售员开发新客户的基本方法。但如何让这些亲朋好友成为我们的客户，则考验着我们的口才，一个会说话的销售员往往能在三言两语间说服亲朋好友，让他们成为其销售工作的支持者。

销售情景：

王新和苏龙是很好的朋友，两人以前在同一家工厂工作。后来苏龙辞职了，干起了保险推销，刚从事保险推销的苏龙犯起了愁：我该向谁推销呢？聪明的苏龙第一个想到了好朋友王新，于是，他把王新约了出来。

大家见面后，王新说：“你怎么突然辞职了，不见你人。这几天你跑哪儿去了？”

苏龙不说话，从包里往外掏资料的手有些抖。待把资料展开了，他才说：“王新，我要告诉你一件重要的事情，你看……”

王新一手拿了资料，说：“什么重要事情？”

苏龙说：“你先听我说，从现在起，你每月只要为你儿子存上30元，一年也就360元，你的儿子将会得到一生的保障。比如，他15岁的时候即可得到一份升入中学的奖学金。从18岁开始，一共四年，每年可得到一份大学奖学金。到22岁的时候，他还可以得到一笔婚嫁金。60岁的时候，还有养老金，怎么样？”

“不错，不错。可是，我不明白，你这要是……”

苏龙说：“哦，我忘了跟你说，我现在是中国人寿的推销员。刚才跟你说的就是我们公司的保险产品。怎么样，给儿子办一份吧？”说着，苏龙拿出了投保书。

王新说：“噢，原来是保险。都是骗人的，我不信这玩意儿。”

听了王新的话，苏龙有点急，说：“这怎么是骗人的呢？中国人寿现在业务做得这么广，足以见其真实性。而且，我们是正儿八经的金融机构，国家金融机构能骗人吗？”

“这倒是，中国人寿的名声还是很响的。对了，苏龙，你不会让我们跟着你上当吧？”王新还是将信将疑。

“看这是咋说的。你把我看成什么人了？因为这的确是一件好事情，所以我第一个想要告诉的人就是你。相信我没错的。来吧，把你的身份证拿来。”苏龙说着把投保书展开铺到桌面上。

“那好吧。”

分析：

案例中，保险推销员苏龙在从事销售行业之初，因为找不到客户资源而苦恼，但聪明的他很快发现了解决问题的方法——从自己的好朋友开始。更难能可贵的是，他向自己的朋友推销少儿保险时，刚开始并没有说明自己的目的，而是先向对方道明：“你只须每年为儿子存上360元，就可以……”等得到对方的认同后，他再提出自己所从事的工作是保险推销，并告诉对方：“这的确是一件好事情，所以我第一个想要告诉的人就是你。”这样说，会让对方觉得是在为其考虑，自然会选择购买。

的确，那些成功的销售员大多数都是爱动脑筋、富有创意的人，他们善于用独到的方法开发新客户。他们不是反复研究公司陈旧的客户名单，而是走出公司，从身边的亲朋好友开始做起生意，因为，一般情况下，亲朋好友始终是支持自己的，所以，起步会更轻松。但这并不意味着向亲朋好友推销就一定会成功，还需要销售员发挥自己的口才，学会巧说话，将话说到对方的心坎儿里。

具体来说，可以从以下几个方面努力。

1. 常联系，让亲朋好友知道你的近况

通常来说，向亲朋好友推销比向陌生的客户推销容易得多。因为他们喜欢你、相信你，希望你成功，总是很愿意帮你。但前提是要让他们知道你的近况，知道你正在从事销售行业，有新的产品。为此，你需要经常与他们联系，你可以尝试向他们推荐你确信的优质产品。

2. 站在“为对方考虑”的角度推销

案例中的保险推销员之所以能成功说服他的朋友购买保险，就是因为他抓住了父母都爱孩子的这一心理，然后从购买保险会对孩子有利这一点出发，并在最后告诉客户：“因为这的确是一件好事情，所以我第一个想要告诉的人就是你。相信我没错的。”他的话取得了朋友的信任，于是朋友爽快地购买了保险。

3. 说服你的亲朋好友帮你介绍新客户

不管你的亲戚朋友有没有购买需求，你都要联系他们。也许他们自己不是潜在客户，但是他们认识的人也许将成为你的客户，不要害怕要求他们推荐。你要取得他们的同意，与他们分享新产品、新服务。你可以这样说：“我觉得你是我们这一群朋友中人缘最好的，所以我还是觉得你能帮到我。”这句话一定会使对方觉得自己重要，并愿意帮助你。

总之，从亲朋好友开始挖掘客户资源，需要懂得巧说话，把话说到他们的心坎上，一个令人憎恶的人是很难得到他人的帮助的！

注重服务与维系，提升老客户转介绍率

通常意义上讲，销售员与客户之间是一种买卖关系。因此，一些销售员误认为只要客户付款购买就意味着与客户的关系已经终结。实际上并非

如此，若能充分利用与客户的关系挖掘新的客源，生意就会越做越广。因为客户购买了产品便说明他们已经认可了我们的产品和服务态度，此时，如果我们能说出一些具有诱惑力的话语，让客户认为帮助我们挖掘新客户是一件值得的事，那么，他们一般都会主动为我们提供帮助。

销售情景：

乔·吉拉德是世界上最伟大的销售员，连续12年荣登世界吉尼斯纪录大全世界销售第一的宝座，他所保持的世界汽车销售纪录——连续12年平均每天销售6辆车，至今无人能破。他也是全球最受欢迎的演讲大师，曾向众多世界500强企业精英传授他的宝贵经验，来自世界各地数以百万的人们被他的演讲所感动，被他的事迹所激励。

每位推销员的背后都有自己独特的成功诀窍，那么，乔的推销业绩如此辉煌，他的秘诀是什么呢？

乔认为，做推销工作光靠自己的力量是不够的，还需要别人的帮助。他的生意之所以如此红火，很多时候都是因为得到来自已经成交的客户，也就是他所说的“猎犬”的帮助。乔的一句名言就是“买过我汽车的客户都会帮我推销”。

通常情况下，在成交后，他会把一叠名片和“猎犬计划”的说明书交给客户。说明书告诉客户，如果他介绍别人来买车，成交之后每辆车他会得到25美元的酬劳。几天之后，乔还会寄给客户感谢卡和一叠名片，以后至少每年他都会收到乔的一封附有“猎犬计划”的信件，提醒他，乔的承诺仍然有效。

在实施猎犬计划时，如果乔发现对方是一位领导人物，具备一定的领导力，那么，乔会更加努力促成交易并设法让其成为“猎犬”。

乔认为，实施“猎犬计划”的关键是守信用——一定要付给客户那25美元。乔的原则是，宁可错付50个人，也不能漏掉一个该付的人。“猎犬计划”使乔的收益很大。乔·吉拉德说：“首先，我严格规定自己‘一定要守信’‘一定要迅速付钱’。例如，当买车的客人忘了提到介绍人时，只要有人提及‘我介绍约翰向您买了部新车，怎么还没收到介绍费呢’，我一定告诉他，‘很抱歉，约翰没有告诉我，我立刻把钱送给您，您还有我的名片吗？麻烦您记得介绍客户时把您的名字写在我的名片上，这样我可以立刻把钱寄给您。’有些介绍人并无意赚取25美元的佣金，坚决不收下这笔钱，因为他们认为收了钱心里会觉得不舒服。此时，我会送他们一份礼物或在好的饭店安排一顿免费的大餐。”

分析：

可以说，乔·吉拉德这套挖掘新客户的方法是很有效的：1976年，“猎犬计划”为乔带来了150笔生意，约占总交易额的三分之一。乔付出了1400美元的“猎犬”费用，收获了75000美元的佣金。向为自己介绍新客源的客户支付25美元的报酬，这样在利益的驱使下，那些已成交的客户自然会主动为其提供帮助。

乔的方法值得每个销售员学习，我们在请求老客户帮助提供新客源的时候，如果也能够说些有诱惑力的话，那么客户也一定乐意帮助我们。具体来说，我们可以从以下方面着手。

1. 以利益为引导

①向客户推荐新客户

如果客户从事的也是与销售有关的职业，或者也需要将产品推销出去，我们就可以利用工作之便帮助客户介绍新的客户，让其获得新的销售机会。比如，我们可以这样说：“王总，我前几天认识个朋友，他说要购置一批××，我当时就想到您的产品了，你们公司的产品信得过，您看什么时候大家见个面谈谈这事儿？”这样，客户一定会对你心存感激。

不过，向客户推荐新客户时一定要注意，不要让客户觉得你抱有一定的目的，是为了交换利益。因为这样会让客户认为你过于世故、做事总是精于算计，甚至会对你产生反感，导致他们不再愿意继续和你合作，更别说介绍新的客户了。

②为客户提供额外服务

销售员在情况允许时还可以向客户承诺会为其提供一些额外服务，当然前提是不对自己的或公司的利益造成威胁。比如，你可以告诉客户：“最近我们公司要举行一个礼品大放送的活动，上次听说您喜欢喝茶，我就多给您准备了一盒。”让他觉得你是在很用心地跟他做生意，这样他才会信任你，并主动帮助你。

2. 对老客户要经常表示感谢

客户帮我们介绍新客户，如果我们觉得这是理所当然的，不对客户表达谢意，那么客户就会觉得对你的帮助毫无意义。只有经常感谢他们，他们才会乐意持续地帮助我们挖掘新客户。但有几点还是要注意一下。

①表达你对老客户介绍的新客源的重视

比如，你可以这样说：“真谢谢您，这笔生意对我来说真的太重要了。”这样，客户就会觉得自己的帮助对你产生了很重要的作用，无形中就增加了他们继续帮助你的信心，也让客户助人为乐的天性得到满足。在老客户不断为我们提供新客户、新客户又不断成为老客户的过程中，你的业绩自然就会水涨船高，生意也会越做越广。

②对于老客户的介绍一定要及时表示感谢

你可以说：“张先生，真是谢谢您啊，上次与您介绍的朋友合作很愉快，他表示下次一定还找我们公司合作呢！”老客户介绍的生意一定要成交，这一点至关重要。

③ 要不断地提醒他当初的决定是正确的

利用每一次机会提醒客户当初他所作的决定是非常正确、非常英明的。比如，你可以这样说：“您的人缘真的很不错，您介绍的那些朋友都说您人不错，估计也正是因为他们相信您，所以他们也相信我们的产品！”这样说可以让客户永远记住你，并主动帮助你，主动成为你的销售人员。

当然，如果产品和服务都非常优秀，价格也合理，有时不用你要求，客户也会主动介绍他身边的人找到你，这就是所谓的口碑营销。

无论采取什么方法让老客户为我们提供新客户，都必须要记住一点，那就是必须处理好与客户的关系，与他们交朋友，得到他们的信任甚至欣赏，这样才有可能通过他们找到新客户。

分析顾客需求，挖掘潜在客户

在销售过程中，了解并掌握客户的需求非常重要，这是将其变成潜在客户的关键步骤之一。但现实销售中，在挖掘潜在客户的时候，对方似乎总是以“我不需要”为由来拒绝我们，此时很多销售员不得不放弃；但一个精明的销售员则能在这种看似没有需求的情况下实施一套套话技术，他总是能套出客户的需求，让其成为潜在客户，为下次购买带来契机。

销售情景：

库尔曼是美国的一名金牌推销员，有着自己的推销风格。他凭借自己的勤勉和出众的口才把寿险推销给一个又一个客户，与此同时，他也把成功推销给了自己。

他曾经有过一个客户叫斯科特，这位斯科特先生是一家食品店的老板。库尔曼曾向这位已经年迈、看上去并不需要购买保险的老头子成功推销了他所在保险公司有史以来最大的一笔寿险：6672美元。

当库尔曼见到斯科特先生后，他开门见山地问：“斯科特先生，您是否可以给我一点时间为您讲一讲人寿保险？”

斯科特：“对不起，库尔曼先生，您也看到了，我现在很忙，而且我并不需要保险。我已经63岁，早几年我就不再买保险了。我的孩子们都已经长大成人了，他们都已经能好好照顾自己。现在，家里只有妻子和一个女儿和我一起住，即便我有什么不测，她们也有钱过舒适的生活。”

这段话，听上去非常合情合理，让库尔曼丝毫没有反驳的余地，但这并没有打消库尔曼的积极性。他继续问斯科特先生：“斯科特先生，您在事业上这么成功，家庭也经营得井井有条，我想您肯定还有其他的兴趣。比如，对医院、宗教、慈善事业的资助。您是否想过，您百年之后，他们怎么办？还能正常运转吗？”

斯科特先生沉默了会儿，这让库尔曼意识到自己问到了点子上，于是，他趁热打铁地说下去：“斯科特先生，我们的寿险中有针对这一点的险种，它能消除您的顾虑。不论您是否健在，您所资助的事业都会维持下去。7年之后，假如您还在世，您每月将收到5 000美元的支票，直到您去世。如果您用不着，可以用来完成您的慈善事业。”

听了这番话，斯科特的目光凝结了，他长叹一口气，说：“不错，几年前我资助了3名尼加拉瓜传教士，这件事对我很重要。你刚才说，如果我买了保险，那3名传教士在我死后仍能得到资助，那我总共要花多少钱？”

库尔曼答：“6672美元。”

最终，斯科特先生答应购买。

分析：

一般情况下，人们买保险是为了让自己和家人的生活有保障，而库尔曼通过不断追问，终于套出了连斯科特自己也没意识到的另一种强烈需要——慈善事业。当库尔曼帮助斯科特找到这一深藏未露的需要后，投保对斯科特而言就成了主动而非被动的事。

可见，只要我们学会逐渐挖掘出客户潜在的某些需求，那么令客户成为潜在客户就并非难事。对此，销售员可以从这几个方面努力。

1. 从客户感兴趣的话题入手，引导客户

一般而言，人们对陌生的推销员总是心存戒备，往往以“没有时间”“不需要”等原因将其打发走。其实，这是因为销售员没有选择好正确的谈话方式。人们都有感兴趣的话题，客户也是如此，销售员如果能在销售中先暂时搁置一些销售问题，而从客户的兴趣开始谈话，势必能激发客户继续谈话的欲望。以下案例中，库尔曼的做法值得借鉴。

库尔曼在向一位工厂老板推销寿险遭到拒绝后，他问对方："您做这一行多长时间了？"

"哦，22年了。"

库尔曼问："您是怎么开始干这一行的？"这句话在客户身上发挥了效用。工厂老板开始滔滔不绝地谈起来，从早年不幸谈到创业经历，一口气谈了一个多小时。最后，这位客户热情邀请库尔曼参观自己的工厂。那一次见面，库尔曼没有卖出保险，但他和这位工厂老板成了朋友。接下来的3年里，这位朋友从库尔曼那里买走了4份保险。

2. 不断追问，发现客户最强烈的需要

推销成功的秘诀还在于找到人们心底最强烈的需要。那么，怎样才能找到客户内心深藏不露的强烈需要呢？库尔曼有一个办法，那就是不断提问，"你问得越多，客户答得越多；答得越多，暴露的情况就越多。这样，你就能一步一步化被动为主动，成功地发现对方的需要，并满足它。"

3. 站在潜在客户的角度说话

比如，可以这样发问："为人父母，都要尽可能地让儿女受到最好的教育，您考虑过筹集费用的问题吗？"

当我们作出这样的暗示后，要给客户充分的时间，以便这些暗示逐渐渗透到客户的思想里、进入客户的潜意识中去。

总之，如果销售人员能做到积极猜测、大胆询问、善于套话等方面，就能获得客户的信任并了解其内心真正需求，让其成为潜在客户！

深度挖掘老客户身后的人脉资源

现实销售中，我们总是羡慕那些从事销售多年的前辈。他们能在推销产品的过程中得心应手，有丰富的经验是一方面，另外一方面的原因就是他们给自己编织了广大的客户关系网，那些忠实的客户会介绍和推销一些潜在的客户给他们。于是他们的推销工作越来越顺，业绩也相应地越来越好。而你想过没有，这些前辈也是由销售新手逐步走过来的，这些资源都是他们从一个个客户开始慢慢培养出来的。

的确，客户是最好的证人。为此，如果我们想扩大客源，就要与老客户建立良好的关系，让其设身处地地为我们做一些事情，帮助我们制造好口碑。

销售情景：

齐藤竹之助是日本著名的保险推销员。他最初外出推销的时候就下决心每年都要拜访一下他的每一位客户。因此，当齐藤竹之助向他们家乡的一名地质系学生推销价值10000日元的生命保险时，该学生与齐藤竹之助签订了“终身服务”合同。

这名地质系学生毕业之后，进入了地质行业工作，齐藤竹之助又向他售出了价值10000日元的保险。后来，他又转到别的地方工作，但不管他到哪里，齐藤竹之助每年至少跟他联系一次，即使他不再从齐藤竹之助那里买保险，他仍然是齐藤竹之助毕生的客户。只要他还可能购买保险，齐藤竹之助就必须不辞辛劳地为他提供服务。

有一次，这个学生参加一个鸡尾酒晚会。有一位客人突然痉挛起来，而这个小伙子学过一点护理常识，因而自告奋勇，救了这位客人一命。这位客人是一位千万富翁，于是请这位小伙子到他公司工作。

几年之后，这位千万富翁准备贷一大笔钱用于房地产投资。他问这位小伙子，“你认识一些与大保险公司有关系的人吗？我想贷点钱。”

在这个时候，小伙子一下子就想起了齐藤竹之助，于是马上打电话告诉他：“齐藤君，你在这个行业已经做了那么长时间了，我也知道你的业务做得很大了，你能否帮我老板一回？”

“难道有什么麻烦吗？”齐藤竹之助这样问他。

“他想贷2 000万日元用于房地产投资，你能帮帮他吗？”

“没问题！”

“还有一点，我必须要说的，齐藤君”，他又补充道，“我老板希望这是一个秘密，也希望你能够帮我们保守，其实这也是我们特意找你的原因。”

“这个你放心，这可是我一贯的工作准则。”

挂上电话之后，齐藤竹之助给一些保险公司打了几个电话，并安排其中一位负责人与这位商人进行一次会面。不久以后，这位商人便邀请齐藤竹之助去他的游艇参观，那天下午，齐藤竹之助向他卖出了价值2000万日元的保险。

分析：

从齐藤竹之助这一销售案例中，我们可以看出老客户的力量。老客户虽然不能持续不断地在销售员这里购买产品，但由于使用过我们的产品，因此能将这一心得与感想告知给其他人。如果他对产品和服务满意，并将这些心得转述给自己的家人、朋友等，那么我们的口碑就树立起来了。这不仅为我们的产品做了广告，也能帮助我们挖掘更多的潜在客户。很多销售人员拼命开发新客户、拼命打广告，却忽略了最大的销售力量——老客户的口碑。

要想拥有源源不断的客户，就需要赢得客户的信任和喜爱，让客户在别人面前替你说好话。那么，该如何使老客户愿意为我们制造口碑呢？下面几点是维护老客户的基本原则，也是帮助销售人员维护好老客户的法宝。

1. 关心客户，让感动后的客户主动帮助我们

我们总是羡慕那些与客户关系处得很融洽的销售员，而他们能与客户相处得和睦是因为他们真正地把客户当朋友，主动关心客户。只要是经过他们手里卖出了产品，他们便会经常给客户打电话，关心客户的使用情况，如果出现问题，他们会及时帮助客户解决。长此以往，当客户感受到他们真诚的关心，必然十分感动。这样就能大大增加客户再次购买或转介

绍新客户的概率。

2. 不要为了推销而推销，要真正关心客户的利益

想让老客户满意，进而让其为我们树立口碑，就不能为了推销而推销，而要真正关心客户的利益，并从这一点出发，充分挖掘客户的购买需求甚至是隐藏的需求，努力降低客户需求中的成本耗费，从而最终使产品符合并超越客户的期望值。

为此，我们就必须站在客户的角度推销，并要注意细节，尽量在每一个细节上做到让客户满意，如果营销人员的服务超出了客户的预期，就会打动客户的心，使客户的满意度提升为对产品和服务的忠诚度。比如，可以这样告诉客户："我觉得这款贵的××反倒不适合您，您没必要花那么多钱买它。"当客户体谅到你的用心后，也会更加信任你，并把周围的朋友介绍给你。

3. 不要忘记回馈老客户

对于为你提供推荐作用的客户，一定不要忘记回报他们，哪怕只是送一份你自己精心制作的小礼品也好，这说明你从心底里感激着他们。

可见，如果客户对销售员没有十足的信任，对产品没有高度的认可，对服务没有来自心底的满意，是不会向别人说销售员的好话的。只有真心诚意地为客户着想、为客户服务，才能得到客户的肯定与赞美，让客户自愿为你推荐新的客户。

通过塑造好口碑，让老客户主动宣传产品

有时候在销售中，我们向客户宣传产品和价格如何如何好，在某些客户看来，这有点像王婆卖瓜自卖自夸。同样的话，当它从愿意帮我们作宣传的客户嘴里说出来时，含金量就不一样了，能产生一种强势的信任感和说服力。客户的口碑宣传力量远比我们自身的强势的销售手段有力得多，

也是最能直接产生效应的。所以，让客户帮你作宣传是拓展业务最有效的方法，远胜过自己叫卖。

销售情景：

王琳是一家从事电子配件销售公司的销售顾问。有一次，公司开会，准备举办一次展销宣传活动，可是，怎么才能让这次活动奏效呢？大家众说纷纭。后来，销售经理建议邀请那些老客户帮忙，可是，老客户会帮忙吗？说到这里，大家都建议让王琳出马，因为她的口碑很好，公司很多客户都是冲着她来购买产品的。

一个星期以后，活动开始了，在活动现场，一个老客户道出了当初购买王琳的产品的经过，事情大致是这样的。

客户："你知道，我负责采购的是一批关键零件，质量相当重要。"

王琳："嗯，这个我知道，贵公司一向以高质量著称。而我们公司也很注重产品的质量，因为产品质量就是公司的名片，一旦卖给客户有质量问题的产品，就等于毁了自己的声誉。另外，我们以前也和其他一些知名电子企业作过交易，所以对500强企业的采购模式有了一定的了解。"

客户："哦，你说的这些话倒都是实话，对电子行业的产品，估计你也是个行家。那你们给知名电子生产商提供的都是什么配件？"

王琳回答说："您过奖了，我们给知名电子厂商提供的配件类型比较齐全。您也知道，他们对产品质量的要求几乎达到了吹毛求疵的地步。我记得有一次，我们与一家名企合作，当时他们备选了十家公司的产品，并且花了一个多月的时间考察每家公司的产品。我们也没有想到最后他们跟我们公司签订了两年的合约。"

客户对此也有了兴趣，他问道："为什么他们最后选择了你们呢？"

王琳："这主要有三个原因。首先，我们的加工工艺和生产流程都是国际上最先进的。其次，我们在供应商中是唯一一家采用进口材料的，这就确保了我们的产品使用时限长。同时，他们也很满意我们的售后承诺。所以，最后我们成了赢家。"经过近一个小时的详谈，最后客户和王琳已经就价格问题达成了一致，他们约定第二天进行具体的签约事宜。

当时，参加活动的其他新老客户听完后，都说要和王琳所在的公司继续合作。

分析：

在这个推销实例中，王琳无疑是一个很出色的销售顾问，这些老客户都愿意主动帮忙，也是看在她的面子上。而这次展销宣传活动的成功也是源于出动了她的老客户关系。可见，让老客户为我们宣传比自身叫卖效果要好得多，因为客户的一句话胜过销售员的千言万语，每个客户都是一个活生生的例子。

当然，客户愿不愿意帮我们作宣传，还得看我们与客户的交情。如果在产品质量和服务上都能让客户满意，处事风格以及行为习惯也能获得客户的赞同，那么，客户与你合作将会很愉快，他们一般是不会拒绝帮你作宣传的。如果刚好是他周围的朋友需要类似的产品，他会义无反顾地帮忙宣传，因为他也想让朋友获得同样的满意期望值。

具体来说，想让客户帮我们宣传，可以采取以下措施。

1. 密切个人间的交往，与客户交朋友

销售员不要把与客户的关系局限在工作上，工作之余也可以与客户多接触。如果能和客户成为朋友，客户就会自然而然地将自己的朋友介绍给你。你可以尝试送给客户一份特别的礼物，但一定要在适合的环境下，同时提出恰当的理由，千万别让人感觉你在拍马屁。例如，如果客户非常热爱茶艺术，你就可以送给他一套茶具，并时常以茶艺为话题向客户请教，这样，你们之间的关系也就密切了。

2. 坚持原则

一个坚持原则的销售员总会让客户觉得可以信任。客户在为我们介绍新客户的时候，通常会担心我们是否也能为这位新客户提供同样优质的服务。而很明显，只有销售员做到信守原则，客户才能放心与之再次合作和交往。

3. 敢于开口，主动要求客户帮我们宣传

很多销售员，尤其是那些销售新手，会觉得要求客户帮忙介绍是一件难以启齿的事，因为他们觉得这对自己的名声很不好。其实那是错误的。只要我们说法适当、态度诚恳、自然流露，客户是乐于帮助我们的。

因此，总的来说，让客户帮我们作宣传，建立和完善客户关系是极其重要的。它极有可能是通往其他业务的渠道网络，帮你网住未来更多的客户和订单，直接为你带来利润！

第 10 章

销售约访，成功约见陌生客户

电话约见客户可以说是现代销售工作中的第一步，它为买卖双方带来了便捷。约见事宜通过电话来解决使得销售员免除了奔波之苦，也为客户节约了时间。可是，客户似乎总是有拒绝约见的理由，这常常使得我们束手无策。而实际上，你只是没有选对说话的方式，只要你肯多花一点心思，多用一点沟通技巧，就没有搞不定的客户。

应对客户说“没时间”的约访话术

在约访客户的时候经常会遇到这种情况——还没等我们开口，客户就称自己“没时间”。一些销售员在听到客户这样说的时候都会“退居二线”，而其实客户说这句话时有80%的可能是在推托，“忙”只是客户拒绝销售员的最常用的理由。聪明的销售员应该早有心理准备，并采取一些措施，让客户相信拜访一来不会花费太多的时间，二来可以为其创造超值的服务。只有这样，才能让约访继续下去。

销售情景：

严宁是一名很出色的建材推销员。有一次，他从一位老客户那里得知某公司要购进一大批铝材。于是，在了解了这家公司的情况后，他拨通了客户公司的电话。

严宁：“周总您好！”

（停顿）

客户：“你好！哪位？”

严宁：“我是××建材公司的销售顾问严宁，您有听说过我们公司吗？”

客户：“……好像听说过。”

严宁立刻道：“嗯，我从××公司总经理王先生那里听说贵公司要购买一批铝材，是吗？”

客户：“嗯，是的。”

严宁：“太好了！您既然听说过我们公司，应该对我们公司的产品质量有所耳闻吧，王先生也和我们公司合作了很多年。您明后天哪一天比较有空，我们可否当面沟通一次？”

客户：“不好意思，这些天比较忙，没时间啊。”

严宁：“是的，王先生也特别跟我提过，说您事业有成，平时都非常忙，把时间安排得很紧凑。所以，为了不耽误您的事情，他叮嘱我在与您见面之前一定要先打电话。您放心，我不会占用您太多时间，只要给我10分钟，我会给您一个惊喜，您看是周三还是周四方便呢？”

客户：“呵呵！你还真执着，那就周四上午吧。”

严宁：“谢谢您的夸奖，请问是9点还是10点呢？”

客户：“那就9点半吧。”

严宁：“好的，那我们就周四上午9点半见！祝您工作顺心，周总再见！”

客户：“谢谢，再见！”

分析：

的确，电话预约潜在客户时通常会被拒绝，而“我没时间”往往就是客户拒绝的理由之一。案例中的销售员严宁是聪明的，他巧妙地使用了一些小技巧，化解了客户的拒绝，让约访得以继续下去。我们不妨对这些小技巧作一下分析。

首先，他告诉客户只需要十分钟。无论多忙，面对10分钟的要求，客户一般是不会拒绝的。

我们发现，在这段场景中，销售员严宁在敲定与客户约见的时候接连三次使用了与众不同的提问方式：“明后天哪一天比较有空”“您看是周三还是周四方便呢”“请问是9点还是10点呢”。这里，我们可以看出这种选择式提问的妙处，那就是客户所能回答的答案已经被限定，因此，无论客户选择哪个选项，答案对我们来说都是有利的。利用“选择式提问法”，一再让客户作出选择，最后成功敲定见面的具体时间。

那么，具体来说，约访中，客户称自己没时间时，我们该如何应对呢？

1. 告诉客户为什么要见他

人们做任何一件事情其实都是需要理由的，客户称自己没时间，那是因为我们没有为客户找到愿意花时间见我们的理由，所以首先要为客户愿意见我们创造动机，即令其知晓见我们到底会有什么好处。比如，你希望客户能委托你把房子卖出去，那么，你就可以告诉对方“我们曾经成功策划过很多楼盘”，这句潜台词就给了客户见我们的理由。

2. 运用“10分钟”法则

当客户说“对不起，我没时间”的时候，一般我们可以这样回答：“只需要借用您10分钟时间。”客户一般是不会再拒绝的。因为，这句话是有潜在含义的：一个人再忙，10分钟的时间应该还是有的。这样就消除了客户关于时间方面的顾虑。

这里的“10分钟”是很多销售大师通过多年实战经验总结出来的，说5分钟，客户会觉得我们不够诚实；说15分钟或20分钟，客户又会觉得太长。

3. 善用措辞，以“借用”代替“占用”

“占用”或者“耽误”，都多少有些侵略性，而“借用”则暗示“会归还的”，客户在心理上会更容易接受。

在通过电话和客户进行约访时，客户经常会以“很忙”“没时间”作为借口来拒绝我们，此时，如何应对客户的没时间则成为电话约访的关键。而如果我们能做到以上几点，那么，约访便可以继续下去了。

如何通过电话约客户见面

在约访客户的过程中，免不了要谈及具体的约见时间。一些缺乏经验的销售新手通常会直截了当地问“您什么时候有时间”，而很多时候，客户的回答是令我们沮丧的，“啊，真不巧，这段时间我都很忙！”销售员可能觉得诧异，为什么总是会这样回答？其实，这是因为客户对我们的产品不感兴趣。而如果能换一种询问方式，“下礼拜二或礼拜五方便吗？”这样的主动建议可能会让结果不一样。万一他都没有时间，则应把日期往前提，因为，往后拖延的话，说服力会大大减弱。所以，在约访客户时，原则上，拜访的日期、时间应该由你主动提出并确定，这能为自己留下更大的余地。

销售情景：

陈林是一名保险推销员。随着业务的发展，他急需寻找一位合伙人。在他的朋友的推荐下，他得知一位姓张的小姐很有这方面的才能，于是，他准备把这位张小姐约出来见见。

陈林说明来由后……

张小姐：“是保险公司啊！很抱歉，我对保险实在没有什么兴趣。”

陈林：“是是是，如果请您从事保险这个行业，您一定是没什么兴趣的，介绍我来的林先生刚开始时也是这么认为的，但是经过我的说明之后，他发现我们公司的这套经营方式非常特别，并不是一般传统保险公司的经营模式。因此，他觉得值得您了解一下，认为您听完之后一定会很感兴趣的，所以让我一定提供给您作个参考，不知道您是礼拜三方便还是礼拜四方便？”

张小姐：“是这样子的，我虽然想马上找一份工作做，但是我自己做了那么久的业务，我实在不想再做业务了。”

陈林：“是啊！我能理解，长期跑业务是很疲惫的。因此，我们希望那些有业务基础或对做业务有兴趣的人通过我们的训练及培养以后能在保险业里一展宏图。在我们公司里有许多人之前都是在其他行业做业务的，刚开始时心态也跟您一样，可是经过深入了解之后，他们发现自己找到了真正想做的事业。不知道您是礼拜三方便还是礼拜四方便？”

张小姐：“哦，是这样的。因为我有很多朋友都在做保险，而且做得并不是很好，所以我不太想做保险。”

陈林："嗯，我想，在任何一个行业里都有很多人成功，也有许多人失败，而且失败的人比成功的人多。当然，如果想要事业成功，一定要接近成功的人。我们公司是中国最早成立的保险公司，各项制度已经非常完善。最近还特别从国外引进了一套新的训练模式，所以有很多新同事发现我们公司的做法跟他以前的公司完全不一样。我向您保证，只要您给我20分钟的时间，我一定会给您提供一个前景辉煌的事业，不知道您礼拜三方便还是礼拜四方便？"

张小姐："哦，你这个人真的很厉害啊。既然如此，那你就礼拜三来好了。"

陈林："好的，那我们就约在后天早上10点，我将专程登门拜访，我相信我将会成为您值得结交的朋友的。那就礼拜三见！"

张小姐："礼拜三见！再见！"

分析：

案例中，保险销售员陈林之所以能成功让张小姐答应约见，并最终确定了约见的日期，是因为他在回答完对方的问题后始终不忘这样提问："不知道您礼拜三方便还是礼拜四方便？"而且，他接连提问了三次，而这种选择式提问法的妙处就在于把客户的选择范围限制在我们给的选项中，无论客户怎样回答，答案对于我们来说都是有利的。这类提问的方法就是"选择式提问法"，它能给我们留出更大的余地。

当然，在询问客户约见时间时，即便使用了"选择式提问法"，也一定不能让对方有被压迫感，否则会引起对方的反感。对此，我们需要注意以下几点。

1. 先取得对方的信任

生意场上相互间的信任是达成交易的前提。销售人员要想将商品推销出去，最基本的条件就是先取得对方的信任。电话预约客户不像面对面交谈，客户可以凭借对我们的外在印象来作判断，在电话中则没有一个实体可作为判断的依据，只能凭借声音来猜测。因此，最应该注意的就是自己的表达方式，要注意说话的语气要客气，语言要简洁明了，不能让对方有受到压迫的感觉。

2. 说话速度不宜太快

我们都知道，电话沟通是需要计费的，因此，人们在使用电话与人沟通的时候，语速通常会比日常生活中稍微快些。如若交谈的对方是亲朋好友或是熟识的人，以这种语速进行沟通是不会产生沟通障碍的。但要记住，对于陌生的客户而言，他们并不熟悉你的语调和用词，如果说话速度太快，往往会使对方听不清楚你所讲的内容，也容易给对方留下被强迫接受你的观点的感觉。

3. 强调“不强迫……”

我们给客户打电话是为了约见客户，而最终目的是推销产品，也就是说，成功约见客户是前提。为此，我们应当再三强调绝不会强迫客户做什么，以低姿态达到约见的目的。

如果我们能注意以上几点，很好地利用“选择式提问法”，一再让客户自己作出选择，最终就能成功敲定会面的具体时间。

应对客户以“路太远”为借口的灵巧话术

在销售过程中，当我们给客户打电话预约时，客户往往会找一些借口拒绝，比如：你们公司太远了，还是算了吧。其实，这只是客户的一个借口，聪明的销售员千万不要因客户的这个借口而就此放弃。实际上，客户拒绝是因为你没有给客户一个很好的约见理由。此时，如果能对症下药，告诉客户你可以为其创造超值服务，并解决其路途太远的假异议，那么，客户自然会收回这个拒绝的理由。

销售情景：

秦虹是一名办公用品推销员。最近，公司新推出了一款打印机。为此，她拨通了客户的电话。

秦虹：“王总，我们这款打印机是目前市场上最先进的了，您看，您最近有时间来我们公司看一下吧。”

王总：“小秦，谢谢你的好意。不过，你们公司太远了，过去一趟太费时费力了。”

秦虹：“哦，原来是这样啊，这个我可以理解，您每天工作那么忙，也没有那么多时间。正好我们今天会过去拜访您那边附近的一家客户，我可以顺便去您那里，不用花费您很长时间，我想就打印机的选用和技术方面给贵公司一些建议和资料，这些都是完全免费的服务……”

王总：“可是，我们现在的打印机用得很好啊，不需要那么先进的吧！”

秦虹：“贵公司每天的打印量很大，普通的打印机如果继续这样使用下去，使用寿命会降低3年左右。而我们这款打印机不光具有普通打印机的所有功能，在承载量上远远大于普通打印机，而且有红外线和蓝牙接口，可以帮您轻松地打印相机和手机中的相片，这可以省去您跑洗印店的时间啊。而最重要的是，相对于市场上其他同类产品，我们的这款打印机是最物美价廉的了。您看，您什么时候有时间，我把打印机送过去给您看看……”

王总：“小秦啊，你可真会说话，那就今天下午吧，我在办公室等你。”

秦虹：“好的，谢谢王总啊。”

分析：

很明显，刚开始客户一直拒绝销售员秦虹，并以“路途太远”为借口。但聪明的秦虹在客户以此为理由拒绝时并没有反驳，而是首先肯定客户的意见，但接下来，她便告诉客户，“我们今天会过去拜访您那边附近的一家客户，我可以顺便去您那里”，这样，客户的借口便不攻自破。在这种情况下，客户自然会道出自己拒绝的真实原因——现在的产品用得很好，不需要更新。针对这一点，秦虹再次将自己的产品与客户的老产品进行对比，这才让客户产生了兴趣，答应见面。

在销售中，有很多客户都是如此，不好直接拒绝销售员，就以“路途太远”为借口。实际上这是因为我们没有挖掘出客户的真实需求，不知道客户需要的是什么，以至于客户认为没有见面的必要。而聪明的推销员会从客户的行为和言语中抓住他真正关心的点，进行有的放矢的说明，从不会白费力气。

那么，针对这种情况，销售员该如何成功扭转局面呢？

1. 仔细倾听，听出客户的真实意图

在预约客户的过程中，倾听不仅是一种尊重别人的体现，更是一种获取信息的重要方式。当客户在与你沟通时，尤其是交谈开始出现危机的时候，你更应该集中精力仔细倾听，因为那其中隐藏的玄机可以有效帮助你解决难题。

在倾听的过程中，应该对信息作出一些筛选。有时客户会提出一些与产品关系不大的问题，譬如：“现在市场上的产品谁敢买啊，假冒伪劣的太多……”针对这些问题，你可以默不作声地等客户说完，再用自己的真诚和热情引导客户进入愉快的沟通氛围中。而有些客户说的话则是十分具体且有针对性的，他们需要销售员给予明确的答复。这时，就需要销售员运用平时积累的知识和经验予以应答了。

2. 善于观察，留意客户听完解答后的反应

当你回答完客户的某些问题后，一定要留心客户的反应，如果他还是支支吾吾，不能下决心购买，那么通常有两种可能：一是客户根本就不想买，二是你的解答没有对他起到作用。此时，你就需要对症下药了，针对第一种情况，需要付出更多的真诚和耐心；而对第二种情况，销售员则要从自己身上找原因，寻找一种适合客户的解答方法。

总之，在预约客户的过程中，当客户以“路途太远”为借口拒绝时，我们一定要找到客户的真实意图，给客户一个充足的约见理由，让客户无

法拒绝我们！

掌握沟通主动权，别给客户太多选择

作为销售员，我们每个人都知道电话约访在行销中的重要性。电话约访的功效每提升 10%，就能提升 5 倍销售绩效。而实际上，在电话约访中，很多销售员常会产生这样的苦恼：我已经用热情礼貌的声音给他们打了几次电话，但他们就不肯见面，这是为什么呢？实际上，约访客户时，并不是预约的次数多客户就会答应见面。要知道，成功约访客户是有一定技巧的，如果我们能掌握这些技巧，那么，成功约访客户的概率会大大提高。

销售情景：

王伟是一名保险业务员，最近，他想约访一位以前的老客户，希望老客户能为自己介绍一些新的客户，但又不知道如何进行约访。思索之后，他想出一个办法，那就是以提供服务的名义约访客户。于是，他拨通了电话。

王伟：您好，王先生。我是××保险公司的王伟，您还记得我吧？您是我们××保险的老客户了，最近我们公司有没有业务员为您提供保险服务呢？

客户：没有呀！

王伟：是这样的，最近公司组织免费为客户提供保险服务，您看要不要我们派专人上门为您作保险服务，同时还有小礼品赠送！

客户：可以啊！

王伟：那您看是周三下午还是周四上午更方便些？

客户：那就周四吧！

王伟：要不，我们定在周四上午10点？

客户：下午2点吧！

王伟：好的，那是去您家里还是……

客户：家里吧！

王伟：王先生，您的家庭地址是……

客户：……

王伟：(重复地址)对吗？好的，王先生，我们周四下午2点钟在您家里见！

细心的王伟在挂完电话后，为了让客户加深印象并敲定面谈的事，他又给客户发了一条短信："王先生，您好！非常感谢您能在百忙之中接听我的电话，祝您工作顺利，心情愉快！顺便确认一下您的地址：××小区17楼1701室；见面的时间：周四下午2点。××保险公司王伟敬上。"

分析：

这段销售情景中，保险推销员王伟之所以避免了很多约访客户过程中可能出现的问题，让客户很爽快地答应约见事宜，是因为巧妙地实施了一个小小的策略，那就是以为客户提供服务的名义进行约访。因为，一般情况下，客户是不会拒绝销售员为其提供免费的售后服务的。客户没有拒绝的理由，约访成功也就顺其自然了。在约访的最后，王伟还给客户发了一条"善后"短信，这条短信看似简单，却敲定了约见事宜，也避免了客户反悔。

而事实上，想要尽量避免客户习惯性地拒绝，我们就不能给客户留太多的可能性，对于这一点，不妨从以下几个方面努力。

1. 巧妙开场，让客户感觉亲切自然

毋庸置疑，约访的最终目的是销售，所以，一般情况下，很多销售员为了达到销售目的，一拿起电话就开始推销。而客户一听到这些，会很自然地产生一些规避甚至反感、厌恶的情绪，因此，往往都以没时间为借口。接下来，无论销售员怎样挽回，都很难改变客户的这种负面印象。

而实际上，我们在开场时一定要简洁大方，让客户感觉亲切自然。比如，我们可以这样开场：“某某先生（女士）您好！”另外，这一问候也起到了确认对方身份的作用。

2. 与众不同的自我介绍

通常情况下，人们在进行自我介绍的时候总是遵循一定的惯性思维——“我叫什么，是哪个公司的”，而案例中的王伟则是先报上公司的名称，以公司为背景，这无疑给自己的身份“镀了一层金”，客户自然也愿意与一个可信的销售员交谈。同时，这种介绍方式也是谦虚的表现，稍微细心一点的客户都会对你留下良好的印象。

3. 注意“善后”

案例中的王伟就是采用短信的方式“善后”的，这样做，有效地避免了客户会爽约的可能性。

现代社会，每个人都忙于工作和生活，生活节奏之快足以让刚与我们通过电话的客户将约见事宜抛之脑后。另外，即使客户记得，也很容易将我们的约访与其他销售员打过的电话相混淆，哪里还记得具体是哪个销售员。因此，如果我们能像案例中的王伟一样，在约访电话之后给客户发送一条短信，就能使此事板上钉钉，既加深了客户的印象，也主动留下了联系方式。

总之，电话约访是有一定技巧的，掌握这些技巧能有效避免约访过程中遇到的很多问题。

打好“语言太极”，模糊话语焦点

销售过程中，当我们对客户进行电话预约时，出于各种原因，客户总是能找出各种理由来拒绝我们。面对这些推托理由，我们有时候可能会显得束手无策，甚至会退居二线，甘于放弃。而实际上，如果我们能摆正心态，与客户打好语言“太极术”，无论客户以什么样的理由拒绝，我们都采取有针对性的语言加以应对，那么，客户的理由就会不攻自破。它的高明之处就在于虚虚实实，让客户在不经意间答应约访事宜。

销售情景：

推销员小林紧张地对着话筒机械地说："陈先生吗？您好！我姓林，是××公司的业务代表。您是成功人士，我想向您介绍……"

电话那头的陈先生直率地说："对不起，林先生。你过誉了，我正忙，对此不感兴趣。"说着就挂断了电话。小林放下电话，硬着头皮又打了半个小时，每次刚和客户讲上三两句，客户就会挂断电话。

分析：

案例中，推销员之所以总是不能成功约访客户，是因为他不能成功地回应客户的拒绝。要知道，电话是方便我们约见客人的，像小林这样在电话里就开始介绍产品是不合时宜的。因为，隔着电话，有些事是说不透的。

电话约见客户为买卖双方都带来了便捷，约见事宜通过电话来解决，使得销售员免除了奔波之苦，也为客户节约了时间。但电话预约能够成功，还需要销售员掌握一定的技巧，其中最重要的技巧之一就是掌握语言"太极术"，然后针对客户具体的推辞进行解决，具体来说，包括以下情况。

1. 当客户说：我很忙，没时间

大多数情况下，客户都会以"没时间"这一理由来拒绝推销，稍有经验的销售员都能听出来客户是在推托。因此，他们在听到这句话的时候，一般都作足了心理准备。接下来，要做的是：首先，让客户明白，这次拜访不会花费太多的时间；其次，保证为客户创造超值的服务。

此时，我们可以准备这样的话术："这个我很理解，您工作也挺忙的。正是考虑到这一点，我们准备近两天去您附近那家公司谈合同的时候顺便去您的公司，不用花费您很长时间。我们想为您就××这一技术问题以及维修问题提供一些资料，这些是完全免费的服务. 而且，对于贵公司的产品来说，这一块的服务远远要多出您给我们的时间，星期一或者星期二我们过来看您，您看行吗？”

2. 当客户说：现在暂时不需要，有需要时再联系吧

客户之所以这样说，一般有两个可能，一是真的不需要，二是让推销员好下台。但无论是哪个原因，我们都不能轻言放弃，而要知难而进。要把你能带给他们的可以让他们第一时间无偿获得的好处说出来，这样做，一是满足人们想尝试的心理，二是让人们觉得的确是有帮助的。

在这次谈话中，可以这样回应：“先生，可能您觉得暂时与原先的厂商合作很好，也没想过更换合作伙伴，但我还是很乐意让您了解，这样，您也可以多一个选择。要是您能给我10分钟的时间，会对您和贵公司的产品产生很大的效益！”

3. 当客户说：你把资料寄（传真）给我好了

此时可以这样回应客户：“是的，黄先生，是这样的，正因为您的时间很宝贵，所以，如果您愿意抽出10分钟来让我为您讲解一下资料，应该比您亲自看长达10页纸的资料要快得多。您放心，我不会超过10分钟的，不知道黄先生您是星期三晚上还是星期四晚上方便呢？”

4. 当客户说：说来说去，还不是要推销

这句话着实让销售员们感到很尴尬，因为这一句话的确说中了我们的最终目的，可能有些销售员还会有种被客户看穿的感觉，因此销售信心大受打击。而那些金牌销售员则不会有这样的心理，他们反倒觉得，既然客户已经主动把话题上升到了本质问题，那么，沟通起来也就顺利得多。因此，他们会说：“我当然是希望您能买我们的东西，不过，我们的产品和服务不好，没有给您带来超值的产品价值的话，您也不会作考虑，我们希望能带给您需要的东西。即使不买，您也会有很多的收获。有关这一点，我们一起讨论研究看看？星期一或者星期二过来拜访您，行吗？”

一般来说，客户推托的理由不外乎以上几种，如果我们能针对以上几种情况用好语言“太极术”，作出有针对性的应对，那么，就能成功化解客户的拒绝，进而让客户答应约见！

第 11 章

拜访话术，促进销售成功的基础

从事销售行业的许多人总是羡慕那些成功者，认为他们太幸运了，而自己则总是不幸。然而事实证明——好运气是有的，但好运气偏爱那些会说话的人！要知道，“只要肯干活，就能卖出去”的观念已经过时了，取而代之的是“周详的计划加上口才”，这一点在拜访客户时体现得尤为明显。拜访客户是营销活动中很重要的一个环节。只有在拜访客户的过程中获得客户的认可，才能有下一步推销的可能。拜访时，我们除了要具备智慧、胆识以及足够的实践经验外，还必须掌握一套必备的说话策略。掌握这些说话策略，成功拜访的可能性将大大增加。

拜访客户，适当随意一些

拜访客户是营销活动中很重要的一个环节。只有在拜访客户的过程中获得客户的认可，才能有下一步推销的可能。因此，营销人员要在思想上高度重视客户拜访工作。但现实的拜访工作中，很多销售员都有这样的感慨：为什么无论我怎么努力，都消除不了客户的抵触情绪呢？其实，面对推销员的拜访，多数客户都知道你的最终目的是推销，所以会心存芥蒂。而此时，如果你的拜访显得过于直接和突兀，那么，则会加重客户的这种心理。相反，如果能在拜访时把话说得自然得体，则能有效拉近与客户间的距离。

销售情景：

某天，推销员陈某来到某小区，准备向他事先了解过的某个准客户推销吸尘器。他敲开了客户的家门，开门的是一位温婉的女士。

销售员：“太太，您好，我是××公司的销售代表陈××，是这样的，我这周一已经和您先生预约过了……”

客户：“我们现在不需要。”

销售员：“看得出您很忙！有您这样的人持家，您的家人一定十分幸福！”

客户：“噢，谢谢！今天我丈夫不在家。”

销售员：“我听说了，我知道您先生是一位事业成功、在业界有影响力的优秀人士。那句话说得没错，‘每一个成功的男人背后都有一个伟大的女人’。”

客户：“呵呵，哪里。我听我丈夫说过购买吸尘器的事儿，我们对你的产品还是挺感兴趣的，这样，你先等一会儿吧，他马上就要回来了。”

销售员：“好，谢谢……”

分析：

案例中，销售员陈某在拜访客户时，尽管得到了客户的预约，但还是遭到了客户妻子的习惯性拒绝，因为他在拜访之初就直接道明了自己的目的，不免显得过于唐突。但值得庆幸的是，在接下来的谈话中，他保持了良好的态度和自然的语气，并对客户说了一些“动情”的话，从而获得了客户的认可，挽救了销售局面。

可见，在销售中，销售员不要以为自己的用语合乎逻辑就可以让推销工作顺利开展了，真正打动人的是自然贴切并带有情感的话。成功的销售员都会极其注意自己的销售语言，因此，他们即使拜访陌生的客户，也能做到自然得体、顺理成章。

那么，在拜访客户的过程中，我们该如何表现自己自然的说话态度呢?

1. 拜访客户前要设定拜访目标，对客户进行分析

这一点，需要销售员在正式拜访客户前了解，比如，通过电话沟通。前期与对方的电话沟通并不仅为联络销售，更是为了了解对方，建立一个鲜活的客户形象，所谓“知己知彼，百战不殆”。你了解客户越多，成功得到订单的机会就越大。因此，你需要了解对方，知道对方的一些习惯、可接受的语气、喜欢的表达方式、着重用词部分等。

2. 交谈中，要善于制造气氛

营销的最终目的是实现销售，满足客户的需求。但在与客户交谈中，还要善于营造融洽的会谈气氛。沟通才能创造价值，只有让客户愿意与你沟通，才有可能达成销售目的。

对此，销售人员要主动向客户问候，想办法拉近与客户的距离。这里，最关键的就是客户的情绪问题，我们要有针对性地对客户的情绪进行引导、强化。也就是说，要想办法把与客户的关系转化为朋友关系，这将

更利于我们对客户的情绪作出正确引导，同时，我们与客户的关系也得到了强化。

3. 谈客户感兴趣的话题，来突破双方的不协调

在谈话过程中应尽量以客户为中心，摆事实、讲道理。同时还要善于不断找到新的话题，形成一个完整的拜访过程。这个过程包括如下方面。

找到适合此次拜访的“开场白”；用对方感兴趣的话语跟他沟通；找出好话题，引导对方；让对方对此次要解决的问题作出评估；用恰到好处的赞美或表态式的结论加以总结。

4. 拜访中的交谈需做到：坦诚、微笑、自然、不卑不亢

其实，在日常生活中与人沟通，做到这几点并不难，但面对客户时，可能会很难做到，因为我们有所求。

因此，在与客户沟通前必须调整好自己的心态，不要给自己施加压力，对此，不妨这样告诉自己：拜访客户只是为了建立与客户之间的信任，给客户留下良好的印象，并不一定要在第一次约访的时候就达到销售目的。如此一想，我们自然就轻松了许多。这样，我们在与客户交谈时就能做到如下几点。

①坦诚：坦诚是与客户建立信任的第一步。拜访客户的过程中，如果我们所说之话并不属实，虽然能暂时蒙混过去，但一旦被客户知晓，将会直接失去客户，且没有挽回的余地。这里的坦诚有几个方面，包括做人的诚信，如实地介绍产品情况，不掩盖产品的某些缺点。

②微笑：俗话说，伸手不打笑脸人。充满善意和友好的微笑最能拉近人与人之间的距离。而且，对任何一个销售员来说，淡淡的微笑是专业素质和个人素养的最好体现。

③自然：我们都希望客户能对我们的产品满意、有购买的需求，希望从客户的腰包里顺利掏出支付货款的现金；但正是因为有这种想法，会让我们显得很不自然。而如果我们能淡化这种想法，把客户当作朋友来沟通，那么，交谈的时候必然会自然得多。

④不卑不亢：拜访过程中，一些销售员因害怕得罪客户，而让自己的位置显得卑微。其实，根本不需要这样做，订单不是靠这样的方式得到的，也不可能这样取得。只有做到交谈时不卑不亢，并敢于说“不”，才能真正得到客户的尊重。

拜访客户时应该说些什么

很多销售人员认为，拜访客户时，只要能说会道，对产品足够了解，就可以打动客户，实际上你会发现，无论怎么能言善辩，你的拜访结果一直维持在一个不太令人满意的标准上。这是为什么呢？其实，对拜访技术的掌握程度是决定销售成败的最关键因素，我们除了要具备智慧、胆识以及足够的实践经验外，还必须掌握一套必备的说话策略，而且有些话必不可少。如果能将这些话都说到位，那么，成功拜访的可能性将会大大增加。

销售情景：

高文是一名销售经验丰富的销售主管。他传授给手下的销售员很多销售经验。

一个星期一的早晨，高文刚上班，正在开例行会议，安排本周的工作计划和布置重点工作。此时，突然有人敲门，原来是一家文具用品公司的人上门推销。

“对不起，我是某某文化用品公司的……”没等对方说完，正在开会的一些下属们就不耐烦地说：“你没看见我们正在开会吗？”

对方一看这些开会的人都没有笑脸，便悻悻地走了。

高文对这些开会的下属们说：“被他这么一打扰，我都不记得我说到哪里了。”说着，他的心里对这位不速之客更反感了。

接下来，他说：“昨天，我们刚讲到拜访客户的一些相关事宜，你们看，这位小伙子就给大家做了一个反面教材，我们在拜访客户的时候……”

分析：

案例中，这位不速之客之所以会让开会的人们心生反感，主要是因为以下几点。首先，他选错了拜访的时机，在对方忙碌时拜访无异于撞在枪口上。其次，他推门进入后，立即自报家门，开始推销。没有寒暄、没有铺垫，太过直接，对方自然无法接受。最后，在被拒后，他的态度是悻悻离去，没有一个专业的销售人员应有的良好心理素质。

的确，在拜访客户的过程中，任何一个过程都不可遗漏，否则，就会显得有失礼仪，这其中，就包括一些必须要说的话。

1. 开场白

开场白一定要在进入客户大门前就想好。因为，开场白的设计是否得当，关系到后面的销售能否顺利进行，必须要慎重对待。这里包括以下几个步骤。

步骤一：称呼对方的姓名

叫出对方的姓名及职称——每个人都喜欢自己的名字从别人的嘴里说出来。

步骤二：自我介绍

清晰地说出自己的名字和企业名称以及经营产品。

步骤三：感谢对方的接见

如：“非常感谢陈总经理在百忙之中抽出时间与我见面，我一定要把握住这么好的机会。”

步骤四：寒暄

寒暄在销售工作中是必不可少的部分。我们可以根据事前对客户的资料准备，表达对客户的赞美；或者配合客户的状况选择一些能引起对方兴趣的话题。

2. 陈述拜访理由

这里，我们可以这样表达：

“××先生，您好，我是某某公司小陈，就是上周拜访您的那位。”这种表达适合于有预约的情况。而对于没有预约的情况，则可以这样表达：“××先生，是这样的，今天我来拜访呢，是因为我从您的好朋友××那里得知，您最近需要购买一批××，他和我们合作很多年了，相信我们的产品，所以让我上门来和您谈谈……”在有了开场白的情况下，客户对这些信息的接受会容易得多，也不会有多少逆反情绪。

3. 告辞时不忘礼节用语

俗话说：去时要比来时美。只有这样，你才能给客户留下深刻而又美好的印象。拜访结束后，无论是否取得积极的拜访结果，我们都要彬彬有礼。

拜访客户告辞时的寒暄与进门时同样重要，我们不可忽视告辞时的礼节用语。特别是在被客户拒绝的情况下，你的表现更能体现出你的个人素养。此时，你的举止应该更沉稳，比如，一边收拾资料，一边向客户道歉：“对不起，打扰您了！”“在您方便的时候，我再来拜访您！”然后鞠躬告退。你越是彬彬有礼，越是能让客户感受到你的良好修养，甚至能让客户产生内疚的感觉。而相反，如果在告辞时你的脸上表情难看，出去关门时把门关得“嘭嘭”作响，那实际上也就意味着你掐断了身后那根连接你与客户的无形“红线”。总之，在被客户拒绝后，一定要争取给自己留条后路，以便下次再来拜访。

的确，我们不可能与拜访的每一位客户都达成交易，但我们仍须努力去拜访更多的客户来提高成交的百分比。而要达到这一目的，以上任何一个细节性的话语都必不可少，将这些话说得得体、到位，才会给客户留下良好的印象，从而有助于我们的推销工作。

巧妙为下一次拜访埋下伏笔

销售员拜访客户的最终目的是推销产品。为此，一些销售员在拜访目的没有达成的情况下就垂头丧气，认为销售已经失败。其实，任何一次拜访都是有作用的。我们应当信奉的一个原则是“即使跌倒也要抓一把沙”，意思是销售代表不能空手而归。即使拜访的客户暂时没有需求，不能成交，也不要与之失去联系，而应该适时地安排好下次拜访的理由，以备下次能顺理成章地完成拜访。

销售情景：

保险推销员小陈某天来到某客户办公室。

销售员：“××先生，您好，我是某某公司小陈，就是上周预约您的那位。”

客户：“哦，小陈啊，你有什么事情吗？”客户表面上故意装作不知销售员小陈来拜访的目的，心里却想，原来是那个卖××产品的小陈啊，我就知道，即便我不联络他，他也会很快联络催我购买的，但我还没有想好是否购买。

推销员：“×× 先生，这次是有件事情想麻烦您一下，不知道您能否帮忙？”

客户：“哦？有事情找我帮忙，是什么事？”

推销员：“记得上次见到您的时候，您戴的××牌手表给我留下的印象很深。我的男朋友最近也想买，我建议他买您的这款，可惜我不知道具体的型号和使用情况，也不清楚在哪里买比较优惠，所以想问问您。”

客户：“哦，这表是不错的，是今年的新款，我用得很满意，我是在××商厦购买的……”

就这样，两人关于这块手表聊了很久……

销售员：“今天，耽误了您许多宝贵时间，非常抱歉！我在和您的交谈中学到了很多关于钟表方面的知识，受益匪浅。不过，要是您不嫌麻烦的话，我下次还要来打扰您。请您到时一定要多多传授一些知识！再次感谢您的热情接待。”

客户：“和你交谈我也很愉快，欢迎你下次再来。”

虽然这次拜访小陈完全没有提及推销保险的事情，但接下来的几个月里，她和这位客户一直保持着联系，在几次拜访客户时，客户都很高兴，最终，该公司的保险业务被小陈一举拿下。

分析：

案例中的保险推销员小陈在拜访客户上有自己独到的一套。她并不急于推销，而是在客户心存抗拒的时候选择夸赞客户，这样就让客户的心理获得了满足。同时找到双方共同的话题，彼此间聊得很尽兴，如此一来，客户对推销员的抵触心理自然也就消失了。而在拜访的最后，她又适时提出还要麻烦对方传授更多的知识，这就为下一次的拜访找到了“借口”。在这样的你来我往中，当销售员与客户的感情由利益关系上升到朋友关系时，销售成功是理所当然的。

由此可见，如果我们能为下一次的拜访作好铺垫，那么，销售成功的可能性就会大大增加。具体来说，我们该怎么说呢？

1. 交谈中善用谈话的间隙

如何对客户进行第二次拜访？应该找什么样的理由？很多销售员为此感到苦恼。可能有些销售员会先打电话问询客户的最近状况，并告知客户有某新款产品上市，或者以邀请函的方式邀请客户参加某个活动。但大多数情况下，这些做法都不会奏效，因为这些借口和开场白客户已见得很多，他们知道随后一定会过渡到产品和再次上门的要求上。因此他们一般不太会配合你。而如果我们在交谈过程中能注意多了解客户的细节，那么就能利用谈话的间隙分析出客户需要什么、喜欢什么，进而完成对客户的诱导。比如，当你无意中得知客户喜欢吃某种食物时，可以在拜访结束时告诉客户：“前两天朋友从 ×× 地方帮我带了很多这种新鲜的 ××，我回头给您送些来，也不是什么贵重的东西……”这样，下次拜访的理由自然就找到了。

2. 善于掌控谈话的时间，不要一次性把话说完

很多销售员认为交谈的时间应由客户控制，主动叫停，很可能会得罪客户。而实际上，如果我们主动提出结束谈话，为客户节约时间，不仅会让客户觉得你很贴心，还能为下次谈话找到很好的借口。对此，我们可以这样说："王总，今天已经和您聊了两个小时了，真不好意思，打扰您这么久，我看咱们今天就聊到这儿吧。不过我过几天可还要来请教您啊，您不会不欢迎吧？"这样说，客户一般都会觉得你是个不卑不亢、有主见的销售员，也会乐意接受你下次的拜访。

总之，销售人员一定要多留心，为下一次拜访客户留下话题。在交谈的过程中一定要问出并记下客户的联系方式，在闲暇时可给客户发一条感谢留言。只要我们能够灵活运用上面所学的知识，绝对会成为优秀的销售人员。

目的性不要太强，先跟客户做朋友

与客户做生意，我们最终要与客户接触，因此拜访客户的过程就必不可免。但出于要将产品推销出去的根本目的，一些销售员在拜访客户的时候显得很盲目，见了面不知道该说什么、该怎样说，只是很简单地介绍下自己，然后就极力向客户推销产品，结果还没开口就被客户拒绝了，只得灰溜溜地逃走，销售业绩也因此而不尽如人意。他们甚至到最后还弄不明白，为什么现在的社会客户这么难开发，客户关系这么难维护？其实不然。不是客户难搞定，是我们销售员自己存在问题。这其中有许多细节，你是否注意到了？有许多方面，你是否做到了？如果能够多去思考，善于学习别人成功的方法，善于行动、善于总结，那么推销也就变得轻松了。

要知道，客户在接受销售员拜访时压力也是非常大的，他会担心受

销售员欺骗，担心买的产品不适合等。这时，最忌讳的方式就是硬推销产品，因为这样往往会使客户因感觉压力过大而最后放弃购买。也就是说，我们在拜访客户时，关于销售的语言不可太露骨。

销售情景：

周五的早上，小周来到某公司进行保险推销。

“邹经理，您好！我姓周。我们以前没见过面，现在可以和你谈一分钟吗？”他有意停了停，等待对方理解说话内容并作出反应。

邹经理说：“我马上要去开会！”

小周马上说：“那么半个小时后我再来找您好吗？”

对方毫不犹豫地答应了。半个小时后，小周再次出现在邹经理的接待室：“邹先生，您好！我姓周。您叫我半个小时后来找您……”

“你是做什么的？”

“我是保险公司的业务主管，是为客人设计一些保险理财投资计划……”

邹经理接口说：“我不需要做保险。”

小周说：“我今天来只是给您提供一些资料，今后您有什么需要服务的，再找我啊！”

邹经理笑了笑，没说什么。

接下来，小周就公司的一些业务进行了简要介绍，在介绍的过程中并没有提及让客户购买的事情。介绍完之后，小周对邹经理说：“等您以后有这方面的需要时再找我吧，感谢您今天百忙之中抽出时间来接待我。”礼貌地道别后，小周就离开了。

但没想到的是，第二天，邹经理居然主动给小周打来电话，约小周去谈购买保险的事情。原来，小周和其他来推销保险的销售员不同，他并没有反复劝说客户购买，客户拒绝后，还是以良好的态度为客户介绍，而正是这一点被客户所欣赏。

分析：

案例中，保险推销员推销产品的结果可谓是出人意料，而这得益于他在拜访过程中得体的说话方式。在现实销售过程中，一些销售员为了能尽快将产品推销出去，在说话的时候过于急躁、露骨，未免显得过于功利化，乃至引发客户的反感。其实，我们在拜访前首先应该调整好心态，初次拜访就可以拿到订单的情况很少，往往需要重复拜访，需要不断影响客户，并影响其价值观。

那么，我们在运用销售语言时，该如何做到不急不躁、不露骨呢？

1. 选定目标，不做无用功

在登门拜访前，我们要对约访的对象进行分析，并进行筛选，以提高拜访时进行交易洽谈的成功率。因为，有时候无论我们如何努力，客户就是不购买，此时很有可能是客户真的不需要。换言之，如果我们不作分析、筛选，可能就会多做很多无用功。

2. 事先做好拜访客户的准备工作

任何一项销售进程都必须要做足准备工作，登门拜访客户也是如此。需要准备好一套引起客户注意、给客户留下好印象、让客户信任我们、积极进行约访的说辞。其中包括选择拜访的时机、见面之初该说什么、怎么介绍产品的卖点、了解对方哪些情况等。有了这样的计划，在销售中就可以有的放矢、从容不迫。

3. 讲话热情、彬彬有礼

热情的讲话能带动客户谈话的情绪，让客户乐于与我们交谈下去。而礼貌则能体现良好的专业素质和个人素养，为此，销售员要把诸如“您好”“打扰您了”“如您不介意”等礼貌用语当成口头禅。

同样，开门见山也是较受欢迎的一种说话方式，拿腔拿调、故意卖关子、吞吞吐吐都易招致对方的反感。

4. 不能急于推销产品

一般应以介绍产品信息、了解对方情况为主。降低销售意味，反而易于获得约访机会。

5. 留下对方的联系方式、地址等资料，并作好记录

这样做的好处在于，即使客户这次拒绝了，也可以事后多联系客户、关心客户，与客户加深感情。总之，这样做有助于下一步销售的筹划，也可借此建立客户档案。

拜访客户只有做到准备充分、有勇有谋、多留后路，才能把握整个拜访的进程，并运筹帷幄，进而减少急躁、急功近利的情况。

留心观察，找客户感兴趣的话题

上门拜访客户，尤其是第一次上门拜访，客户难免存有一些戒心，不容易放松心情。因此销售人员要特别重视用心说话，要善于发现客户感兴趣的话题，从而让拜访在轻松愉快的环境中进行。通常来说，聪明的销售员往往具有敏锐的观察力，他们很善于发现交谈的场所——客户家的特点，然后引导客户继续谈下去，进而自然地把话题引导到销售上，使销售顺利进行！

销售情景：

一个周六的早上，老年保健仪器推销员小林敲开了某客户吴先生的家门。开门的正是吴先生。

进门以后，小林扫视了一下客厅，整个客厅都有种古色古香的感觉。他看着满客厅的字画，很快就找到了与吴先生交谈的话题。

“哎哟，这字写得——我真不知道怎么形容好，吴先生，这是您从哪里弄来的墨宝啊？是市里哪位书法家的真迹吧？”

吴先生一听，顿时笑了起来，说：“真是见笑了，这是我父亲写的，他比较爱好这些，平时没事就舞文弄墨……”

“看来我今天还真是来对了，令尊现在在家吗？”

“这几天他去省城的姐姐家了，估计过几天才会回来。”

“真是可惜了，要是令尊在家的话，我还想向他老人家讨要他的字画呢！”

“哦，原来是这样啊，这个你可以放心，我可以做主，送你几幅。”

“太谢谢您了……”

就这样，吴先生与小林就中国字画的问题聊了起来。聊到尽兴的时候，小林突然装作乍醒的样子说：“吴先生，您看，我和您一聊到这些就忘了我今天来原本是想……不过，您不购买也没关系，我今天可是收获颇丰啊！”

“你说的是老年保健仪器吧？现在老爷子的身体越来越不好了，我也没时间陪他锻炼，要不，你回头送一台过来吧。”

“好的，谢谢吴先生！”

分析：

案例中的客户吴先生为什么会如此爽快？很简单，这得益于销售员小林在提出销售问题前进行了一番语言的铺垫。在小林进门之后，他没有直接对产品进行推销，而是对客户家的一些特点进行了仔细观察。难道他真的不知道这些字画出自客户父亲之手？当然知道！他这样问，只不过为了让自己的赞美显得更真实可信。于是，针对客户家的这些与众不同的“风景”，小林与客户展开了深入的交谈，他很快便获得了客户的好感。此时，小林再提出自己拜访的真正目的，客户的抵触情绪自然少得多。而在这种情况下，小林依然不忘提及自己“今天拜访收获颇丰”，这就更加深了客户对他的良好印象。这时，客户再从自己的角度考虑，就很爽快地表明了自己有购买需求。

从这一案例中可以发现，一个出色的销售员一定是有敏锐观察力的，他的销售进程简单、容易，很大程度上得益于这种观察力。那么，我们在拜访客户的时候如何发现客户家的特点，进而引出交谈的话题呢？

1. 掌握观察六要素

观察六要素包括：客户房屋门前的干净程度，进门处鞋子排放的情况，室内装修以及家具的摆放状况，表示家庭关系的合照数量，宠物、花、鸟、书画等爱好状况，屋中杂物摆放状况。

2. 根据客户家的装饰判断客户的经济状况

如果客户家房屋的面积较小，室内家具摆放拥挤，房间不干净，子女住在一起，则可以说明这位客户不是一个经济充裕的人。

如果客户的室内装修很考究，房屋面积很大，甚至还有专门打扫房间的佣人、保姆等，可以确定这位客户是一个经济充裕的人。

如果客户的房屋装饰是古色古香的，可以说明这位客户是一个很有修养的人，素质较高，文化底蕴丰富。

3. 根据客户家的特点进行赞美

比如，可以这样赞美客户："阿姨，墙上是您儿子的照片吧，看上去真英俊，一定是个知识分子，相信阿姨一定是位教育有方的好妈妈。"

但同时要注意，赞美是一种非常好的沟通方式，但不能夸张，夸张的赞美只能给人留下不好的印象。

总之，销售人员是靠嘴巴来推销产品的，凡是优秀的销售人员都拥有一副伶牙俐齿。但"顾客不开口，神仙难下手"，我们观察客户家的目的是找到沟通的话题，让客户主动讲话，和我们进行有效沟通。

第 12 章

开场话术，利用首因效应的魔力

开场白是销售人员与客户见面时前两分钟要说的话。任何销售话术都是由开场白开始的，俗话说，好的开始是成功的一半。当代世界最富权威的推销专家戈德曼博士强调，在面对面的推销中，说好第一句话是十分重要的。因为客户会根据我们所说的第一句话来决定是否要继续听下去。因此，我们的开场白一定要别出心裁，尽量让我们所说的话具有感染力，并尽快抓住客户的注意力，保证销售访问能够顺利进行。

吸引客户的与众不同的开场白

任何一次销售过程都少不了开场白。而俗话说，好的开始是成功的一半。开场白是销售人员与客户见面时前两分钟要说的话。我们若想成功推销，一定要明白创意开场是行销的第一法宝。一个幽默、吸引人、有创意的开场白往往会起到意想不到的作用。

销售情景：

日本有一位寿险推销员，他有一套别出心裁的推销方法。

有一天，他拜访一位客户，他把印着“76600”的数字的名片递到客户手里。

客户看到名片，很诧异，就问：“这个数字是什么意思？”

推销员反问道：“您一生中吃多少顿饭？”客户听后，还是不明白，推销员接着说：“76600顿吗？假定退休年龄是55岁，按照日本人的平均寿命计算，您还剩下19年的饭，即20805顿……”

分析：

这位推销员的开场白十分特别，他用一张印有数字“76600”的名片吸引了客户的注意力，然后反问客户。等吊足了客户的胃口后，再告知客户这个数字的意思，让客户认识到生命的短暂，进而逐渐把话题引向人寿保险。

的确，在我们向客户推销前，客户的心就像一扇上了锁的大门，如果我们的话能够引起客户的注意和兴趣，那么，这扇门就会被我们打开。相反，如果我们的话毫无新意，那么，这扇门将会锁得更紧。

有时候，当我们信心百倍地昂首进入陌生市场时，可能会听到一些人说：“推销员又来了。”这个时候你千万不要尴尬和紧张，而要调整心态，越是这种时候，越要表现出色，要努力创造新的推销方法与推销风格，用新奇的方式来引起客户的注意。

每一个顶尖的业务员都有自己独特的开场白。那么，我们该怎样开场，才能让客户立即动心呢？

1. 幽默法

“先生，您好！今天我专程来拜访您，想了解一下上帝对保险的看法。”

“什么上帝？”

“因为您是上帝，客户都是我们的上帝，所以我今天专程来拜访上帝。”

说完，推销员笑了，“上帝”也笑了……

人们常说，客户是我们的上帝，这位推销员就是从这一点入手，以一句幽默的话博得了客户的一笑。

2. 利用好奇心

我们先来看看下面的两个例子。

案例一：

某地毯推销员对客户说：“您知道吗？您每天只花一毛六分钱就可以使您的卧室铺上地毯。”客户对此感到惊奇：“什么意思？”

推销员慢慢讲道：“您的卧室是12平方米，而我们公司的地毯每平方米为24. 80元，这样需要297. 60元。我厂地毯可使用5年，每年365天，这样平均每天的花费只有一角六分钱。”

案例二：

一位推销员对客户说：“老李，你知道世界上最懒的东西是什么吗？”客户感到迷惑，但也很好奇。

这位推销员继续说，“就是你藏起来不用的钱。它们本来可以购买我们的空调，让你度过一个凉爽的夏天。”

以上两个案例中的推销员都很善于制造神秘气氛、引起对方的好奇。在挑起了客户想知道的欲望后，他们再将产品推荐给客户，这比开门见山介绍的效果要好得多。这表明，好奇是人类行为的基本动机之一。人们对于那些自己不知道、不了解或者觉得特别的东西都会充满好奇心，并有继续了解的欲望。

3. 利益引诱法

几乎没有人会拒绝那些能为自己节约消耗、提升效益，也就是通俗意义上的赚钱和省钱的方法，所以，客户自然也不会拒绝为他们“出谋划策”的销售员，如：

“陈厂长，其实，您的工厂每月的生产额还可以再增加10万元。”

“张经理，您不觉得贵公司每月的电费太多了吗？”

“王厂长，可能您还不知道吧，您隔壁的工厂因为生产量大，现在的产品都已经开始出口了。”

4. 提出问题

有问就有答，销售员向客户提出问题有利于引起客户的注意和兴趣，如：

“张总，您觉得影响你们产品生产量的原因是什么？”产量自然是身为厂长的客户最关心的问题之一。这一问题自然能引导客户逐步进入交谈。

当然，我们在提出问题的时候，一定要注意所提出的问题要明确、具体，语言清晰，而且必须是客户最关心的问题，否则很难引起客户的注意。

5. 向客户求教法

生活中，总是有一些人好为人师，喜欢以师长的姿态教育、指导别人。对于这些客户，可以利用向其请教问题的方法来引起他们的注意。比如，可以找一些不懂的问题，或装作不懂，向客户请教一些事情。一般客户是不会拒绝虚心讨教的推销员的。如：

“王总，我听说您以前是学机械的，是机械制造方面的专家。这是我公司研制的新型机械图纸，请您指导，在设计方面还存在什么问题？”受到这番抬举，对方自然乐意接受我们的请教。

从现在起，销售员不妨思索一下自己的开场白，是不是有创意，是不是有自己的特色，如果没有，就从现在开始改变，小小的改变，大大的不同！

面对中老年顾客，多拉家常

我们都知道开场在销售过程中的重要性，但在现实的销售中，我们有时候会发现，为中老年客户精心设置的开场方法似乎根本不起作用。其实，这与中老年客户特殊的消费心理有关系：价格较平时购买要相对便宜，最好伴随一些促销活动；最近比较流行的养生方面的产品，老年人对健康保健方面比较看重；产品使用上一定要简单易操作；产品的后期维护一定要易于保管和收藏；产品一定要正规……因此，对于中老年客户来说，他们对于那些花样繁杂的开场白并不会有多大的兴趣，反而是那些简单、平易近人的开场，如家长里短，似乎更能激发他们的交谈欲望。

因此，对于中老年人，我们不妨以家长里短来开场。

销售情景：

一天，一位健康推广员来到某小区，他敲开一位客户的家门，开门的是一位阿姨。开门时，阿姨手上还在择菜，这位推销员就顺口问：“阿姨，今儿这芹菜是什么价儿啊？”

“都××元一斤了，又涨价了，一到冬天就这样，你说我这点退休工资，都不够养活我自己了。”

“是啊，我们这些年轻人不爱自己做饭，所以这菜价儿还真不知道，不过自己做饭比在外面吃健康多了。”

“这倒不假，我也经常跟我儿子媳妇说回家来吃饭，他们不愿意回来，说是耽误时间，但外面吃哪里有家里干净啊……”

“阿姨，这墙上挂的是您儿子的照片吧？看上去文质彬彬的，一定很有学问，您真是一个教育有方的好妈妈。”

“我儿子在××大学当教授，他从小就爱学习，到现在还是不忘读书，平时都在学校，只有周末才回来……”

就这样，这位推销员和客户关于教育孩子的一些问题谈了很长时间。过后，推销员说：“阿姨，您看，和您聊了这么久，我居然忘了今天来这儿的目的。不知道您还记不记得，上周六在中山公园您填了一张健康卡……”

“对呀。”“您真是很幸运，几百人中抽中了您，所以您将免费获得一张价值100元的健康检测卡。您好像在卡片上填了您有高血压，我们的仪器也主要是检测心脑血管情况的。经常检查，作好预防，不但可以省去很多的治疗费用，更可以给您的儿子省去很多麻烦。您要是有时间的话，这几天就去我们公司看看，检测一下身体状况，您看怎么样？”

“嗯，你说得对，我一定要注意健康，不然我儿子在外面工作也不放心啊，我这周末就去。”

分析：

案例中，这位推销员很懂得见机行事，当他敲开门，发现开门的是一位择菜的阿姨时，他就从菜价入手，与客户进行适当寒暄，并随机把话题转到客户最关心的问题——教育子女上。当与客户建立了一定感情之后，再谈及销售，客户接受起来也就容易多了。

中老年人对一些家长里短的问题的关注度远比年轻人大，他们关心柴米油盐、关心健康、关心子女。可见，面对中老年人时，用家长里短来开场，更容易引起他们的兴趣。

具体来说，我们可以从这些方面作开场白。

1. 气候、季节

比如，我们可以说："这几天热得出奇，去年……"

2. 家庭、子女

"我听说您家女儿是……" 当然，这需要我们事先了解客户的家庭关系是否良好。

3. 乡土、老家

"听您口音是湖北人吧！我也是……" 销售人员可以这种提问方式拉近彼此的关系。

4. 住宅、摆设、邻居

"我觉得您家里布置得特别有品位，您以前从事的职业和家居设计有关系吗？" 这样问，不仅能帮我们了解客户以前的工作性质，还能帮我们判断对方是不是目标客户，更易达到有效开场的目的。

5. 健康问题

这里，需要注意：中老年客户一般都有比较强的保健意识，所以可能会具备比较多的保健知识，我们的专业知识及相关知识如果不是很前沿、很丰富，将很难吸引客户。另外，我们的表述不能夸张，要实事求是，并要备有大量客户的鉴证。

6. 饮食、习惯

"阿姨，您是不是在做饭啊，这么香，做的什么菜啊？"

7. 仪表、服装

"阿姨，您这件衣服料子真好，您是在哪里买的？我也想给我妈妈买一件。"

8. 兴趣、爱好

"阿姨，您家里这么多舞曲的光碟，您以前是市文艺联盟的吧，我以前好像看过您的演出……"

另外，因为客户是中老年人，我们还必须考虑到他们的生存状态和价值观，以及两代人甚至隔代人之间的沟通技巧。在与中老年客户交谈的时候，一定要尊重他们。年轻人和中老年人会因所处年代的不同、阅历深浅的不同而在看待某些事物或处理某些事情时有不同的看法。如果你尊重他们，做到有理有利有节、言之有物、语气诚恳，那么他们就会被你的真诚、谦虚所打动，从而对你产生良好的印象，这对接下来的销售工作是极为有利的。

经典开场白销售话术

任何销售话术都是由开场白开始的，一段精彩的开场白不但可以引起客户对你的重视，还能使客户对你接下来的言谈举止产生兴趣。而那种千篇一律、毫无新意的开场白——“先生，您需要……吗？”“先生，你需要……”十有八九会遭到拒绝。在与客户交往之初，需要有一个吸引对方注意力的开场白，这样才能引起客户的兴趣，使客户乐于与你继续交谈。为此，我们应该学习一些有效的常用开场话术，掌握这些话术能帮助我们成功应对不同的销售情景。

销售情景：

陈怡是一名保险推销员，从事保险行业已经有一段时间了，但始终没有任何业绩。几个月来，她发现客户似乎对保险推销员有着一种与生俱来的厌恶感，一般情况下，自己还没开口，就被客户拒绝了。现在，陈怡产生了放弃推销工作的想法。

这时，陈怡的一个前辈看出了她的心思，对她说：“你知道吗？其实，推销保险和推销其他任何产品一样，只要我们做好了开头的工作，下面就好办了。”

“我知道，可是怎么才能说好开场白呢？”

“实际上，开场的话术，公司在培训的时候，培训主管都说过了，那时候你该好好学学的。这样吧，今天回去我给你发个邮件，你再将这些话术好好看一遍。”

“嗯，谢谢王姐！”

分析：

的确，现实销售中很多销售员和案例中的陈怡一样，因为无法说好开场白而被客户拒绝，以致业绩毫无进展。对于这些销售员而言，学习常用的开场话术就显得尤为重要。

下面介绍三种容易被客户接受的开场话术。

1. 赞美式开场

每个人都长着一双爱听赞美之言的耳朵，客户自然也不例外。可以说，运用赞美法是接近客户的一个良方。但赞美客户也不是无据可循的，只有找准客户值得赞美的点，赞美才显得真诚，否则就有奉承之嫌，甚至会招致客户的厌恶。打个简单的比方，当我们想赞美客户的住房漂亮时，如果说：“王总，您这房子真漂亮。”这话让人听起来就像在拍马屁。而如果说：“王总，您这房子的客厅设计得真别致。”这句赞美之言就显得有诚意、有新意多了。

2. 寒暄式开场

寒暄是开场中最常见的一种，销售员在与客户第一次打交道时，第一个礼节就是要问候对方，然后才能进行下面的交谈。寒暄作为交谈的导语，具有抛砖引玉的作用，得体的寒暄可以赢得客户的好感，让沟通顺利进行下去。

例如：

“您是孙经理吧？您好，您好！”

“王经理，见到您很高兴！”

“听口音，孙经理是山西人吧？”

“今天天气真不错呀！”

见面时的几句寒暄，其实是一种礼貌，也是在与客户接触时一个比较重要的问题。寒暄能让销售员了解到客户的身份、性格、籍贯、爱好等基本信息，这对销售员接下来的销售工作大有帮助。但是，销售员要注意，在问候客户时，话语要委婉，恰到好处，用语不宜过多，能一言以蔽之的绝不要啰唆。

3. 切入第三者法

我们可以告诉客户，之所以会冒昧拜访，是因为有第三者介绍。一般来说，这里的第三者都与客户有一定交情，所以，大多数人对第三者介绍来的推销员都很客气。如，“何先生，您好，打扰您了。今天来拜访您是因为您的大学同学张俊先生要我来找您，他告诉我您最近需要购买一批最先进的印刷机。他之所以会帮我这个忙，是因为我们公司的产品也为他的公司带来很多好处与方便。”

利用切入第三者法，虽然能帮助我们扫除一些与客户沟通的障碍，但要注意，一定要确有其人其事，绝不可自己杜撰，否则，一旦客户查对起来，你就要露出马脚了。若能出示引荐人的名片或介绍信，则效果更佳。

用真诚的心，打动每一位顾客

每个销售员都希望自己拥有一副好口才。口才好可能会为你缩短销售的时间，但这并不是成功最关键的部分。销售过程中，口才固然重要，但诚恳的态度是你和客户沟通的基础。

与客户沟通，贵在一个“诚”字。只有诚心诚意，才能打动客户，使他们愉快地与你合作。开场白也是如此。要以诚相待，就必须开诚布公。在销售的过程中，销售员应该主动向客户提供自己的情况及表明意图。你只有首先表现出诚意，才能引导客户采用同样的态度。

销售情景：

萧晨在大学期间学习的是土木工程，毕业后，他在某事业单位按部就班地工作了六年，但后来他萌生了自己出去闯闯的想法。于是，他放弃了稳定的工作，从销售开始做起。毕业第十年，也就是他从事销售第四个年头的时候，大学同学聚会上，大家听说萧晨从事了销售行业并做到了经理的位置，都觉得不可思议，因为，从大学期间直到后来工作，萧晨都是一个很木讷、不善说话的人。那么，是什么让木讷的萧晨获得了今天的成就呢？萧晨的回答是“坦诚”。他这样陈述自己的经历：

“我刚转行的时候，完全是从头开始，并且面临很大的挑战，加上原本就比较内向，不怎么能说会道，不过我坚信可以通过其他方面弥补自己的不足之处。你们知道吗？万事开头难，做销售也是如此，要想说服那些客户，我们首先就要准备一个能打动客户的开场。据我所知，很多前辈们经常花样百出地开场，却并未得到客户的认可，因此，我就想，与其挖空心思，还不如开诚布公地开场。于是，我用心收集客户和产品的各种信息，整理所有潜在客户的资料，认真去打每一个电话。与客户沟通的时候，我也不会拐弯抹角地说话……”

分析：

一个不善言辞的人要成为一名销售高手，真诚是取得机会的第一步。案例中，木讷的萧晨之所以能成为一名优秀的销售经理，就是因为他凭着自己以诚待人、认真做事的态度取得了很多客户的信任和支持。正如他所说，“与其挖空心思，还不如开诚布公地开场”。很明显，他的这种开场方式是有效的。

的确，作为销售员，我们要想顺利接近客户，让客户接受我们、愿意与我们沟通，首先就要讲好开场白。但要说好开场的简单的一句话也并非易事，这其中，我们要营造良好的谈话氛围，还要在言语间察言观色，洞察客户的内心世界，进而让推销活动有的放矢。而专业销售员总会准备好适宜的开场白，以收到良好的效果。他们最常采用的方法就是开诚布公地开场。因为这样能有效地消除客户的戒备心，获取客户的信任。那么，我们该如何以真诚的开场白打动客户呢？

1. 诚挚友好，建立和谐的洽谈气氛

任何沟通都只有在和谐的气氛中才可能开诚布公地进行，在销售中也是如此。为此，我们在与客户沟通时，要建立和谐的洽谈气氛，这能为正式洽谈铺平道路。

为建立和谐的洽谈气氛，销售员要做到以下几点。

①注重仪表

良好的仪表不仅是对客户的尊重，也是专业素质的体现。

②选择合适的开场话题

开场可选的话题很广泛，可以是轻松的、风趣的、非业务性的，如天气、身体、股票行情等；也可以是客户最关心的问题，如其孩子、父母的身体状况，甚至可以介绍自己有趣的经历等。

这些话题都可使双方迅速找到共同语言，让交谈继续下去，为更深入的沟通作好准备。但注意不宜过长，以免浪费时间或使顾客反感，应尽快引入正题。

2. 自然适时，切入销售正题

当我们与客户间建立了和谐的洽谈关系时，就该开诚布公地进入正题了。而在转入正题时，我们要努力做到以下方面。

①适时

虽说开场白应开诚布公，但不合时机地切入正题则会适得其反，甚至让客户产生反感的情绪。如果入题太早，会显得突兀，客户对你所推销的产品自然也不会产生好感；如果入题太晚，开场白时间太长，会使客户不耐烦，并对你的推销失去兴趣。

那么，什么是合适的入题时机呢？一般在对方对你产生好感，乐意或愿意与你交谈时入题最好。

②自然

即自然地将闲题扯入正题。我们可以就当下的交谈环境适时切入，比如，天气炎热，你可以说：“今天的天气真热，如果在您的办公室里安上空调，你就可以安然度过一个清凉的夏天。”这种得体自然的入题容易引起客户的购买兴趣。

③轻松

入题的话应使客户感到轻松愉快、无拘无束，不会无形中使客户产生成交压迫感，怀疑销售员是“硬要我买下他的产品”。

另外，当我们切入正题后，有些客户可能会认真倾听，然后客气地婉言拒绝；有的客户听完说明后，会欣然同意购买。对即将出现的情况，销售员应冷静对待，只有沉着冷静，才能表现出自己真诚的态度，才能竭尽全力争取最好的结果。

善于用热情感染客户

热情是一个优秀的销售员不可或缺的素质，可以这么说，如果没有热情的态度，销售成功的概率会小得可怜。热情，是指一种精神状态，一种对工作、对事业、对顾客的炽热感情。美国著名女企业家玫琳·凯说：“对每个推销人员来说，热情是无往不利的，当你用心灵、灵魂信赖你所推销的东西时，其他人必定也能感受得到。”热情在销售开场中尤为重要，一段火热的开场白能迅速抓住客户的神经，让客户的思想跟着我们的语言走。

销售情景：

在日本东京的一条偏僻小巷里，人们拥挤得水泄不通。原来，情况是这样的：

有一位50多岁的男人，拿出一瓶强力胶水，然后拿出一枚金币，他在金币的背后轻轻地涂上一层薄薄的胶水，然后将金币贴到墙上。“各位朋友，大家看到了，这是一枚500法郎的金币，我是用一种新型的强力胶水粘住的。谁能揭下这块500法郎的金币，金币就归谁。”不久，一个接一个的人都来碰运气，看谁能揭下墙上那枚价值500法郎的金币。

小巷里的人来来往往，最终没有任何一个人能拿下那枚金币，金币被牢牢地粘在了墙上。

“各位，大家都看到了，也试过了，没有人能够把金币揭下来，是吗？”

“是的。”大家同声说。

“是什么原因呢？不是大家力气不够大，而是胶水粘力够强，这是我厂最新研制成功的××胶水。”

原来，那男人是个老板，由于他的商店位置偏僻，生意不景气，他便想出了上面这个奇妙的推销办法。那天，虽然没有一个人拿下那枚金币，但是大家认识了一种新的强力胶水。从此，那家商店的胶水供不应求。

分析：

案例中，这位老板之所以能让商店的生意红火起来，就在于他别具一格又火热的开场方式。这里，人们本就对沾了胶水的硬币感兴趣，而他的一番话更能激发人们积极参与到“揭硬币”的队伍中。可见，开场白的确能带动人们的思绪，引发人们进一步了解产品的欲望。

其实，不管什么样的事业，要想获得成功，首先需要的就是工作热情。

热情之所以重要，不仅是因为它可以使销售员激发出本身的潜能，也是因为客户有这种需要。客户总是喜欢和热情开朗的销售员谈交易，因为客户认为，拥有热忱态度的销售员总是能带给他们快乐的感受和周到的服务。所以说，要想成为一个优秀的销售员，首先要在开场中表现出自己的这种热情，用热情去打动客户，唤起客户对你的信任和好感。这样，交易才能顺利完成。

那么，我们该怎样在开场语言中体现自己的热情呢？

1. 事前鼓舞自己

“没有知识的业务员是浪费时间，没有激情的业务员是浪费生命。”

要知道，热忱与笨拙的虚情假意会带来两种截然不同的结果。前者能搭起沟通的桥梁，后者会毁掉这座桥梁。所以，为了能以高度的热忱与客户对话，不妨在进行销售之前先给自己来一段精神讲话，或说些鼓舞的话。虽然自己对自己来一段精神讲话这种方式并不普遍，但是它极为有效，其效果就像教练对球员讲话一样。如果你去见客户之前先给自己来一段精神讲话，推销的时候就会讲得更好，也会更成功。

2. 态度诚恳，声音响亮

在与客户沟通的过程中，要让客户感到销售员是诚实的，客户是不愿意和一个虚伪狡诈的人沟通的。因此，销售人员说话一定要恰如其分，符合双方的身份，不然，就会引起客户的反感。

销售员一定要不卑不亢，声音响亮、亲切地与客户交谈，这样才能使客户感到愉快，从而对销售人员产生信任。热情的语言也决定了态度的热忱。

3. 保持微笑

销售开场中，要设法避免重复、机械式的手势或回答，否则，这将是一次生硬、冷淡的销售开场。“伸手不打笑脸人”，这是千百年来流传的一句谚语，只要我们经常锻炼脸部肌肉，随时保持微笑，学会微笑，就能用真诚的微笑去感染他人。

销售开场中确实需要好口才，但真正的好口才来自于对客户热忱的态度。只有用热情的语言，才能表现出对客户的尊重，让客户有亲切感，从而对销售员产生信任。

第 13 章

产品介绍，刺激顾客的购买欲望

销售人员面对客户的时候，对自己所推销的产品进行介绍，是一个必不可少的环节。销售员如何介绍自己的产品直接关系到客户的最终抉择。对此，我们要明白，任何一件产品，只有在充分展现其卖点，并与客户的需求结合起来的时候，才能真正打动客户。为此，销售人员一定要熟悉、了解产品的相关知识，掌握介绍产品的方法，以专业、简单的语言向客户解说产品的卖点，做到不论客户问什么都能够给予完美的解释与回答。只有这样，才能说服客户作出购买的决定。

别泛泛而谈，突出产品最大卖点

销售过程中，我们通常会遇到这样的情况：无论怎么陈述产品的优点、引导客户购买，客户似乎总是提不起兴趣，最终还是放弃购买。这时，很多经验尚浅的销售员会选择放弃推销或者继续喋喋不休地向客户推销产品。而实际上，这两种做法往往都是无效的。原因是什么呢？主要是销售员只是为了介绍产品而介绍，而这样的介绍无异于产品说明书。此时，如果能转换一下介绍产品的方法，尽量向客户陈述产品的卖点，用产品的卖点打动客户，那么，情况可能会截然不同。

销售情景：

小李是某通信公司的销售代表，最近他要推销公司的宽带。这天，他给一位潜在客户打电话。

“您好，我是××通信公司的小李，听说您最近买了新房子，您有安装宽带方面的需求吗？”

“哦，不好意思，我大部分时间都不在家里，所以宽带基本上用不着。”

“没关系的。对了，听您的说话声音真是动听啊，和您通话我真的感觉很舒服，请问您是在电视台工作吗？”

“你怎么知道的？我就是在电视台担任播音员，所以每天都很忙。”

“刚听到小姐的声音就觉得很动听，与您说话真是一种享受。请问小姐是跟家人一起住吗？”

“我爸爸跟我住……”

“原来是这样啊，那我建议小姐可以安装我们的宽带。因为，您想，把一个老人单独放在家里，他会孤独，而且现在老人上网已经是一种流行趋势。最重要的是我们的宽带最大的优点就是年费很便宜，您只需要一个月花费80元就行了。”

“是吗？这还挺便宜的，要不，你周末来我家安一个吧。”

“好的……”

分析：

案例中，当客户表明自己并不需要宽带服务的时候，小李并没有就此放弃，而是继续与客户通话，并利用真诚的赞美获得了客户的好感。此时，小李再询问客户是否和家人一起住，已经消除戒心的客户自然会真实回答。而聪明的小李正是抓住这个契机，找出了客户的购买需求，然后，他再强调宽带服务费便宜的最大卖点，就这样，客户欣然接受了。

可见，我们在推销的时候一定要学会变通，不要单纯为了介绍产品而介绍。要知道，我们的最终目的是满足客户的需求，如果背离这一点，销售业绩只能停步不前。

这则案例同样给我们一个启示：只有充分向客户展示产品的卖点，并挖掘出客户的需求，才有可能令客户动心，最终达成购买协议。那么，具体来说，我们该怎么做呢？

1. 提问法可以帮助我们了解客户的需求

在介绍产品时，如果发现客户对介绍不感兴趣，我们就要思索：产品是不是不能满足客户的需求？此时，不妨通过提问来获取答案。这里，提问的方式有两种：开放性提问和限制性提问。开放性提问可以获得大量的信息，但同时也容易偏离谈话的方向；限制性提问可以引导谈话的方向，但是会使被问者产生被盘问的感觉。

准确了解客户对产品的需求之后，再围绕客户所需要的产品展开介绍和宣传。了解客户的基本需求是销售人员与客户第一次接触时首先要明确的问题。

2. 突出产品的特点与个性

随着市场经济的发展，人们对产品的要求也逐渐提高，并逐渐钟情于那些另类、个性、具有特殊卖点的产品。一旦他们认识到我们的产品具有这些特点，便会难以割舍，他们可能会认为再也找不到这样的产品了，从而产生较为强烈的情感归属。因此，要想留住客户，不让客户被竞争对手抢走，首要的问题是必须学会满足客户的需求。增添产品个性化的语言是提高市场竞争力的主要手段。

3. 引导客户对产品服务产生认同

在销售当中，谁是产品专家？应该是销售员，产品是他们每天都在接触的对象，他们对于自己产品优缺点的了解胜于客户的了解。

总之，无论我们的产品质量如何，科技含量多么高，经营的策略多么先进，都需要以最恰当的方式传达给客户，而不能单纯为了介绍产品而介绍。否则，我们的介绍和产品说明书就没什么不同了。要想真正留住客户，就要满足客户个性化的心理需求。

善用专业术语，提升顾客的信任度

介绍产品是销售中的必经阶段，也是让客户拿主意的关键阶段。销售员在介绍产品的过程中，其语言表达能力如何，直接关系到客户的最终抉择。任何一个客户都希望与一个专业素质高的推销员合作，因为只有专业才能提供更多的保障。如果我们在产品介绍的过程中语言过于冗杂，势必会让客户没有耐心进行信息的筛选。因此，销售人员向客户介绍产品时一定要采用专业、精练的话语，使自己的营销活动尽可能高质量、高效率地展开。

销售情景：

小秋来现在的投资公司担任市场推广员已经有一段时间了，可是，她似乎还是和刚来的时候一样，业务没什么进展，她自己也不知道问题出在什么地方。于是，公司找了一位前辈指导她的工作。

这天，小秋和前辈一起来到某公司。

小秋开始进行推销工作："陈先生吗？您好！您现在有时间吗？很不好意思打扰您。我姓张，是 × × 投资公司的业务推广代表，我想向您介绍……"

而这位陈先生直率地说："对不起，我正忙，对此不感兴趣。"说着就告诉秘书，"送客。"

小秋只好离开，之后又连续拜访了几家公司，都是同样的结果。

在小秋连续受到打击之后，这位前辈开始问小秋："小秋，你知道为什么客户总是在你说了几句话之后便不假思索地拒绝你吗？"

小秋想，现在的客户难搞定是大家公认的事情，我搞不定客户也没什么稀奇。

前辈见她不吱声，便解释起来。

"首先，你应该说明来意，而不是直接问对方有没有时间。哪位客户会说自己现在很闲？还有，你发现没有，你在正式介绍产品前的表达是：'我想向您介绍……'这样说，一点也不专业，也显得自己很没信心。总结起来，你在和客户沟通的时候，虽然话说得很多，却没切中要害，显得毫无章法。"

分析：

案例中，这位前辈的话是很有道理的。向客户介绍产品的语言一定要专业，而不能显得内容冗杂、没有自信。否则，客户是不会取信于你的。

所以，对于销售员来说，要想在介绍产品时让客户相信你，就需要掌握娴熟、专业、精练的语言表达及技巧。具体来说，销售员需要做到以下方面。

1. 未雨绸缪，介绍产品前要做好各方面的准备工作

我们都有这样的经历，在与某陌生人交谈时，常会因为紧张而词不达

意甚至语无伦次。销售过程中同样如此，毫无准备的销售往往会使我们显得局促、紧张乃至说话没有条理，这样不仅会使我们无法把握要点地介绍产品，还会因为耽误客户的时间而引起客户的反感。

对于那些疑心较重的客户，销售员在专业语言方面的准备尤为重要。因为，这些客户为了证明自己选择的正确性，减少购买风险，常常会向销售员提出各种问题。此时，我们凝练的专业语言就能派上用场，帮助我们在面对客户提问时为客户提供满意的答案。而良好的销售技巧则有助于你在销售过程中能够更加适时适度地说服客户。

2. 为客户节约时间，与销售目标无关的话尽量少说

销售人员在介绍产品的过程中千万不要为了与客户套近乎而啰啰唆唆地说一些无关紧要的话，这不仅会使时间白白浪费掉，还会令客户感到厌烦——客户的时间也是相当宝贵的。因此，产品介绍一定要紧紧围绕自己的销售目标展开，如此才能在有效的时间内把产品的卖点传达给客户。

3. 修饰自己的专业语言

对此，销售员需要做到如下方面。

① 结合专业，运用文明、标准的销售语言

例如："您好！我是北京瑞凯的小张，有一个非常好的资讯要传递给您，现在与您通话方便吗？谢谢您能接听我的电话……"

② 面带微笑，使用训练有素的语音、语速和语调

这是通话过程中传达给客户的第一感觉——信任感。增加客户在电话交流时的愉悦感，使之乐意与你沟通下去。

另外，在介绍产品时还应注意，如果客户是个"门外汉"，也就是对产品不是很了解，我们就要尽量使用通俗的语言介绍，因为太多的专业术语会造成沟通障碍。而如果对方对产品比较了解，则应该适当地运用一些专业术语，这样才能让客户看到我们的专业水准。

作好产品描述，挖掘产品卖点

销售人员在面对客户的时候，对自己所推销的产品进行介绍，是一个必不可少的环节。但很多销售员在面对客户的最终拒绝时，常会产生这样的疑问：难道是我们的产品不够好？诚然，没有任何产品是完美无缺的，客户也知道这个道理，但为什么还是有很多销售员能让客户接受那些并不完美的产品呢？为什么还是会不断产生销售冠军呢？原因很简单，因为这些销售员在介绍产品的时候总是能从产品的独特卖点入手，尽量让客户接受产品的优势，并弱化产品的劣势。当然，这也要求销售人员必须熟悉、了解自己产品的相关知识，掌握介绍产品的方法，不论客户提什么问题都能给予完美的解释与回答，这样才有可能说服客户作出购买决定。

销售情景：

某家庭主妇来到电器商场，准备购买一台冰箱。逛了一圈后，她停留在某品牌的专柜前。这时，一名销售人员走过来，开始介绍自己的产品。

一番介绍之后，客户突然产生这样的疑问：

“小姐，这台冰箱为什么比那一台贵那么多钱？”

“因为这台比那一台要好一些。”销售员答道。

“这个我清楚，可是我想知道的是究竟好在哪里。它有什么突出的优点要值那么多的钱？”客户不依不饶。

“嗯，这个我不清楚，我只是负责卖的。”

客户一听销售员这样说，掉头就走了。

分析：

案例中，客户最终放弃了购买冰箱，原因很简单——销售员不能回答出更贵的那台冰箱好在哪里，也就是不能说出产品的卖点，客户自然会对她的专业能力乃至产品产生怀疑，放弃购买也是情理之中的事。

可见，销售员要在介绍产品时突出产品的优势与卖点，就必须对自己所推销的产品相当熟悉和了解，要做产品的专家，要弄明白哪些是产品的物理特性，哪些是能对客户产生价值的部分。只有了解了这些，才能发现产品最特别的卖点。

那么，在介绍产品的过程中，我们如何说才能突出产品最特别的卖点呢？

1. 联系客户的需求介绍产品卖点

销售员在介绍产品的时候要懂得联系客户的需求，因为，如果这些产品的卖点不能与客户的需求联系在一起，客户是无法对这些卖点留下深刻印象的，那么，介绍也就不能产生任何效用。而相反，如果我们能有的放矢，针对客户的需求强化产品的益处，那么，客户自然会被说服。这就要求我们在推销前必须对客户进行了解，如客户的工作、兴趣、爱好、家庭状况、生活习惯等。了解了这些之后，向客户推销才能游刃有余，介绍产品才能根据客户的情况有的放矢，并且让客户感到被尊重。

2. 突出产品的卖点与优势，弱化无法实现的需求

每个客户心里都有理想产品的模式，显然，没有产品是十全十美的，因此，销售员在知晓客户的需求后，要尽量将所销售的产品与客户心中的理想产品进行对比，并尽量将那些相似点凸显出来，而对于那些无法实现的需求，则应尽量弱化。

①突出产品的卖点与优势

每个产品都有自己的优点与卖点，这是毋庸置疑的。产品可能有很多卖点，有的客户喜欢名牌，有的客户喜欢实惠，有的客户喜欢方便，有的客户喜欢好玩……比如，我们可以这样说："您提出的产品功能和售后服务等，我们都可以满足您。而且，我们产品的最大优点是……"在强化产品优势时，销售员一定要确保自己的介绍实事求是，而不是夸大其词的，这样才能得到客户的信任。

②弱化那些无法实现的需求

客户也知道，世界上没有哪一件产品是完美无缺的，我们推销的产品在某些方面达不到理想要求也是不可避免的。对此，销售员要采取只提差

价和贴近生活的比较这两种方式来弱化那些无法实现的需求。

其一，只提差价，弱化付出。这种方法适用于很多产品的推销。如：“只要多付×元，您就可以让孩子享受到轻松便捷、效率高的学习方式。”

其二，贴近生活，弱化付出。销售员可以从大多数人的生活习惯出发，如：“您只要每周少抽一包烟，购买这个产品的钱就出来了。”

对于销售人员来说，仅仅博得客户的好感是不够的，更重要的是赢得客户的信任，使其购买你的商品。而客户只有对产品的优缺点有了全面的把握后，才会对产品更放心。因此，销售员把自己产品的缺点对客户坦诚相告，反而会取得客户的信任；同时，销售员也要注意将客户的着眼点引向产品的优势。这样，客户才能坦然地接受产品的缺点。

因此，我们要想成功地打动客户，就要突出产品的卖点，将产品的优越性以最吸引人的方式或语言展示给顾客。

列举数据，让产品更具说服力

销售过程中，我们经常听到有些销售人员反映：为什么热情为客户介绍产品，客户却仍是疑虑重重，对产品不感兴趣？为什么那些客户总是那么理性，我始终无法打动他们？实际上，这说明销售员对产品的介绍并未对客户起到作用。这种情况下，我们不妨用一组数据说明产品，正如一家公司员工手册上的内容所言：“如果能用小数点以后的两位数字说明问题，那就尽可能不要用整数；如果能用精确的数字说明情况，那最好不要用一个模模糊糊的大约数来应付别人。”的确，销售员在向客户介绍产品的时候，如果能用精确、权威的数字进行说明，能显示出销售人员的专业水平，从而增加产品的可信度。

销售情景：

卡耐基的一次经历可以说是用数字说话的一个典范。他是这样说服一家旅馆经理打消增加租金的念头的：

卡耐基每个季度都要花费1000美元在纽约的某家大旅馆租用大礼堂20个晚上，用以讲授社交训练课程。

有一个季度，卡耐基正开始授课时，忽然接到通知，旅馆经理要他付比原来多3倍的租金。而接到这个通知以前，入场券已经发出去了，关于培训课的其他事宜也都已办妥，应该怎样去与旅馆经理交涉呢？经过仔细考虑，两天以后，卡耐基去找经理了。

卡耐基对经理说："我接到你的通知时有点震惊，不过这不怪你。假如我处在你的位置，或许也会写出同样的通知。你是这家旅馆的经理，你的责任是让旅馆尽可能多地赢利。你不这么做的话，你的经理职位很难保住，假如你坚持要增加租金，那么让我们来合计一下这样对你有利还是不利。"

"先讲有利的一面。"卡耐基说，"大礼堂不出租给讲课的而是出租给办舞会、晚会的，那你可以获大利了。因为举行这类活动的时间不长，每天一次，每次可以收200美元，20个晚上就是4000美元。哦！租给我，显然你吃大亏了。"

"现在，来考虑一下'不利'的一面。首先，你增加我的租金，无异于降低了收入。因为实际上等于你把我撵跑了。由于我付不起你所要的租金，我势必要再找别的地方举办训练班。"

"还有一件对你不利的事实。这个训练班将吸引成千的有文化、受过教育的中上层管理人员到你的旅馆来听课，对你来说，这难道不是起了不花钱的广告作用吗？事实上，即便你花5000美元在报纸上刊登广告，也不可能邀请到这么多人亲自到你的旅馆来参观，可我的训练班给你邀请来了，这难道不合算吗？"讲完后，卡耐基告辞了，"请仔细考虑后再答复我。"当然，最后经理让步了。

分析：

卡耐基之所以获得成功，只是因为他站在经理的角度想问题，把增加租金与保持租金的好处用数字一个个清楚地表达出来。

显而易见，在介绍产品的时候，一定要显示出自己的专业素质，尽量权威、精确地介绍产品的各个方面，越是精确、越是权威的数字，越能让客户感受到你的专业性，也就越能获得客户的信任。现在，很多商家都意识到了这种方法的重要性，所以在广告宣传中常常运用数据来说话。比如：

××沐浴露：“经过连续28天的使用，您的肌肤可以……”

“科学证明，我们的电池能待机15天……”

××牙膏：“只需要14天，你的牙齿就可以……”

“我们的洗衣粉能去除99%的污渍……”

“我们已经对全国超过1000名的使用者进行了连续1个月的跟踪调查，没有出现任何的质量问题。”

那么，销售人员应该从哪些方面用数字说话呢？

1. 产品的性能和指标

比如，冰箱销售员在介绍产品的时候可以这样告知顾客所卖冰箱的省电量：“你知道吗？即使这款冰箱24小时都在使用中，相比其他品牌的冰箱，可以节省××度电。”这样说不仅能体现出销售人员的专业，更为重要的是该冰箱的优越性能立竿见影。

2. 产品的普及程度

比如，销售员可以告诉客户所销售的彩电已经在全国多少个省市畅销，获得多少消费者的好评等，如此一来，产品的质量也就有了一个很好的证明。

3. 购买产品会给客户带来多少好处

客户最关心的是利益问题，而真切的数字会让客户更信服。比如，推销机器的销售员可以这样告诉客户：“假如从现在开始使用我们的机器，那么，在一个月以内，贵厂的产品出产量将会增加××，收益会增加××。”

用数据和事实来说服客户同很多销售技巧一样，虽然具有很好的作用，能增强产品的可信度，但如果数据本身的可信度有问题，如数字不准确或者虚假、夸张等，则会引起和客户之间的信任危机。一旦客户发现这些数据有问题，就会对销售员本人乃至公司的产品产生质疑，这样的话，无论对销售者还是企业来说，都会产生无法估量的恶劣影响。

总之，如果我们能使用一些真实、准确的数据，并做到适时使用，那么，客户一定会对产品有更为深刻的认识。

通过适当比较凸显产品竞争优势

在我们介绍产品的过程中，客户免不了会有一些反馈意见。但有时候，我们会发现，客户总是觉得我们的产品不够好，这也正是让很多销售员头疼的问题。对此，销售员对客户的意见不能轻视，更不能心存芥蒂。因为俗话说得好，对你的销售没有意见或者不“嫌货”的人往往是走马观花的看客，他们是不会把精力浪费在你身上的。其实，客户嫌弃你的产品，是因为客户没有对同类产品的价格或者对同等价格的产品作过比较系统全面的了解，只要我们善于比较，自然能消除客户对价格的疑虑。

销售情景：

客户：“听你这么说，我觉得你们的产品挺好的，但我还是觉得M公司的设备比较符合我们的要求，而且他们的价格比你们的要低得多……”

销售员：“的确，他们公司的产品价格比较低，而他们的设备也不错。但是我们的产品更适合你们。这是因为，首先贵公司每年的维修费是一笔巨大的开支，产品的使用寿命是贵公司需要考虑的关键问题；再加上贵公司的生产方式需要一种高性能、高效率的设备，且要考虑设备长久的资源利用率，我们公司的产品刚好可以与贵公司的旧设备共同作业。您觉得呢？”

客户：“嗯，你说得也有道理。可是你们公司产品的价格与他们公司产品的价格相差甚远，而他们公司的设备质量也不错。”

销售员：“他们的质量确实不错，这是一份产品故障调查报告，我们的设备故障率只有1.2%，不知道对方有没有这样一份故障调查报告。据我所知，他们的故障率一直都在5%左右。这样算下来，贵厂将会为此多付出几万元钱。”

分析：

情景中的销售员运用的就是比较法，让客户看出了产品的优势，综合考虑后的客户必然会作出正确的选择。

世界上没有完全相同的两片叶子，自然也没有完全相同的产品，这样就有了优劣之分。因此，在介绍产品的过程中，销售员运用比较法能突出产品的特点和优势，对于说服客户有很大的作用。

比较的方式有很多种，一般来说，有横向对比、纵向对比、同类产品对比、不同类产品对比等几种方法。而通常情况下，最常见的两种方式是向客户对比不同种类产品的优势，或者将竞争对手的产品与自己的产品进行对比。另外，我们除了对比产品的价格外，还可以对比产品的性能、服务等，但无论运用哪种对比方法、对比产品的哪些方面，都是在传递同一个信息，那就是我方产品的优势。通过对比让客户找到最满意、最适合的产品，从而激发客户的购买欲。

总的来说，有以下几种对比。

1. 价格对比

这种对比方法可以说是最常见的，是销售人员用所推销的产品与同类产品进行比较，用较高的同类产品价格与所谈的产品价格作对比，从而让客户明显感觉出便宜的方法。很明显，在对比之下，所谈的产品价格显得低了些。但运用这一策略时，我们还需要注意以下几点。

①销售人员手中至少要掌握一种较高价格的同类产品，当然，掌握得越多越好，这样才更有说服性。

②对自己的产品要有信心

这就要求销售员在客户批评自己或者自己的产品时做到耐心倾听，

相信自己的产品，等客户批评完之后，再予以解释，巧用价格比较。这也体现了一个销售员的修养问题。然而，很多销售员在介绍产品时，一听到客户抱怨产品，就按耐不住心中的怒火，有的甚至和客户理论起来，这是万万不可行的。

③把握客户心理，让客户自己在内心作比较

销售员在作价格对比的时候，最重要的还是要把握客户的心理。“对比出效益”，当我们就产品的价格进行对比之后，并不需要过多地作进一步的解释，而应让客户自己在内心作对比，并得出结论，这远比我们来告知他们妙得多!

2. 价值对比

客户：我觉得你们的设备挺符合我们的要求，只是在质量方面我还是有点担心。因此，我觉得有些贵。

销售员：这个您完全可以放心，国家质检部门已经作过多次检验了，我们所有设备的合格率是90%以上，而且这个型号的设备质量比其他的都好，它的合格率达到了95%，而其他公司的产品才85%。

客户：是吗?

销售员：是的，您看，这是产品相关的质量合格证、质检部门的检测报告……

客户：是这样啊。

销售员：目前这款设备已经在全国20多个城市销售了100多万台，重要的是直到现在我们仍然没有接到任何关于这款设备的退货要求。所以，您大可放心。

这则案例中的销售员就是利用人们最关心产品质量的这一心理，将自己的产品与行业内的其他产品进行对比，使客户消除了对产品质量的疑虑。

总之，介绍产品的过程中，在客户有购买需求的前提下，只要巧用对比，让客户感觉到物有所值，客户是一定会购买的。

第14章

互信建立，快速提升顾客的信任度

销售过程中，客户对产品总会存在着这样那样的疑虑。你向客户讲解具体的产品性能，客户却因为成见而不置可否；你向客户报出最实惠的价格，客户却以为你在漫天要价；你真诚地对待客户，客户却以为你包藏祸心，小心提防……这些疑虑正是阻碍成交的最大障碍，无形中也给我们的销售工作增加了难度。此时，我们要想成功推销，就必须解开客户的心结，探明客户的真实意图，并做到有的放矢，针对客户的不同疑虑采取不同的措施加以解决。

主动打消客户关于产品的疑虑

在销售过程中，客户总会存在这样那样的疑虑，而这正是阻碍成交的最大障碍。其实这也是有原因的，有些销售员为了尽善尽美地展现产品，总是报喜不报忧，甚至把产品吹嘘得趋于完美，并刻意隐瞒产品或服务的缺陷；交货日期明明需要一个月，却说只要20天；所销售的电脑明明辐射较大，却说此电脑的辐射是行业里最小的……即使你这样说，也未必能取得客户的信任；相反，客户迟早会发现你的“伎俩”，使你的销售遭遇更大的障碍。而实际上，客户的一些疑虑我们完全是可以预防的，比如，主动说明产品的某些无关紧要的缺点，或者主动提出客户的疑虑并予以解答，这样反而会使客户对我们产生信任。

销售情景：

小齐是一名供暖设备推销员。一次，他要将一批供暖设备推销给某假日酒店，客户对他的产品很感兴趣，但到最后，并没有如预料中那样顺利成交。小齐知道问题是出在价格上，于是，他主动提出：“王总，我明白，可能您觉得我们的产品贵了些，这一点我也承认。但在刚才我给您演示产品的过程中，您也看到了，我们的设备完全是一套节能环保型设备，甚至可以变废为宝，这是其他任何供暖设备所不能做到的。它会为贵酒店带来很多可观的收益……”小齐说完后，对方连连点头，最后顺利签了约。

分析：

这则销售案例中，销售员小齐之所以能成功说服客户购买，就在于他能在客户提出价格异议前主动告诉客户产品“贵”的原因。这样，客户就会打消“购买价高产品会吃亏”的疑虑，自然会选择购买。

而在实际销售中，有很多销售员认为，关于产品，客户知道得越少越好，甚至认为有时候歪曲一下事实是“聪明”的表现，是自己口才好的重要体现，因为客户相信了。但是，客户在使用产品的过程中迟早是会发现问题的，一旦发现了，也就对销售员失去了信任。

所以，每一个销售员都应该明白，诚信是维持友好客户关系的根本，只有以诚实的态度和恳切的心情去与客户打交道，才能拥有更多客户，销售工作才能更好地进行下去。

那么，在销售中，为了防止客户疑虑过多，我们该怎样取得客户的信任呢？

1. 使客户主动说“是”，承认我们产品的优点

销售过程中，最具有说服力的劝服技巧无非是让客户自己承认产品的优良、服务的到位等，让客户在拒绝之前先说“是”，往往能有效将客户的拒绝遏制。比如，你可以对客户说：“××先生，您应该知道我们的产品向来都比A公司的产品价位低一些吧？”

当然，销售员在让客户肯定某些销售情况时，必须要实事求是并对该情况有十足的把握，不能让客户抓住把柄。

2. 自曝其短，主动说出一些小问题

现实销售中，我们可能经常对一些销售前辈们的做法感到不解。为什么他们会主动向客户透露一些产品的缺点？这样做不等于赶走客户吗？其实，并不是如此。任何一个客户都明白，没有产品是完美无缺的，如果我们一味地提产品的优势，掩盖产品的不足，反而会引起客户的更多疑虑甚至反感。而“不打自招”则往往能打消客户的疑虑。

但同时也要注意，在说这些问题的时候态度一定要认真，让客户觉得你足够诚恳，而这些问题又一定是无碍大局的，不会影响产品给客户的整体印象。例如，某些技术型的产品外观不是特别美观，如果你能先提出这一点，反而会使那些理智型或挑剔型的客户更快对你产生好感，这样，接

下来的沟通也会更加通畅。

3. 巧妙地告诉客户真相

我们告诉客户产品的某些缺陷和不足也是要讲究技巧的。告诉客户产品的真实情况并不是说销售员要将所售产品的问题简单地罗列在客户面前。如果销售员冒冒失失地将产品的某些缺陷告诉客户，客户可能会因为接受不了这些缺陷而放弃购买。如果销售员掌握一定技巧，不仅可以赢得客户的信赖，还可以更有效地说服客户，使客户产生更加积极的反应。比如，可以转移话题，告诉客户产品其他方面的优点。许多时候，当你运用恰当的技巧诚恳地解释清楚了个中的原委时，明理的客户非但不会产生不良情绪，反倒会被你的诚实可信所打动。

总之，销售员必须明白，真正的销售技巧就是让客户长期信任你。为此，销售员有时候不妨主动自曝其短，主动告诉客户产品的某些真实情况，以获得客户的信任，打消客户的疑虑。

了解客户的真实需求，有助于打开其心结

客户存在疑虑，这毋庸置疑，但有时有些客户是为了提防销售人员，或为了掩盖自己的真实意图而表现出“假疑虑”，无形中给我们的销售工作增加了难度。此时，我们要想成功推销，就必须探明客户的真实意图。

销售情景：

某化妆品店内来了一位年轻的女士，她在店内转悠了半天，在一款化妆品面前停了下来，并试用了一些产品。

销售员：“女士，这款化妆品是我们专卖店内目前销量最好的产品。您用起来感觉怎么样？”

客户：“是吗？我还是觉得不适合我的皮肤。”这位女士一边说，一边看产品标签，脸上完全没有了刚才试用产品时的笑容。这让聪明的销售

人员觉察了出来。

销售员："女士，这是我们今年限量款的主打产品，适合任何肤质的皮肤，所以您可以放心使用，这也是我们的化妆品比其他产品稍微贵点的原因。"

客户："的确，这套产品价格真的太贵了！"

销售员："女士，那您认为贵了多少钱呢？"

客户："至少是贵了400元吧。"

销售员："女士，那您觉得，如果选用我们的产品，可以用多久呢？"

客户："这个嘛，我比较省，怎么也要用半年吧。"

销售员："那么，使用您以前用的那种化妆品呢？"

客户："原来那个两个月要买一套吧，因为效果不太明显。"

销售员："这就对了，您看，您原来那个牌子的化妆品是200元一套，可以用两三个月，我们按照三个月计算，半年您需要花400元。但是，女士，实不相瞒，我们这种化妆品，如果您用得比较省，至少可以用一年，这是所有客户共同得出的经验，由于它富含的营养成分比较多，所以只要稍微用一点就可以了。"

客户："真的是这样吗？"

销售员："这是我的客户共同的见证。您看看我们的意见反馈表……"

客户："这样啊，好，我相信其他女孩子的眼力……"

分析：

这则案例中的化妆品销售员是非常聪明的。当客户提出化妆品不适合自己时，她通过观察客户的动作发现了客户可能是另有原因。于是，她采取试探的方式，对客户说："这也是我们的化妆品比其他产品稍微贵点的原因。"对于这一说法，客户立即表示赞同，也就是说销售员的猜测是正确的。接下来，销售员把工作重心放到了如何解决客户的价格疑虑上，从而达到了说服客户的目的。

在实际销售中，客户的真实意图和借口是比较难区分的，因为这两者之间不存在一个确定的界限，两者是随时随地在发生变化的。销售员如果想有效区分开这两者，除了要具备丰富的产品知识外，还要善于在销售中总结经验，提升自己的辨别能力。那么，销售中，我们该如何探明客户表面疑虑后的真实意图呢？

1. 观察客户的非语言

人们对待他人的态度在语言上可能会有欺骗性，但在神态、表情和动作上是很难隐藏的，所以销售员要善于观察和分析，敏锐地捕捉到客户在眼神眉宇间透露出的信息，这样便很容易判断客户表达的异议是否真实了。比如，客户说："这件衣服是很早以前流行的款式，现在早就过时了！"或者："这种照相机的功能我很喜欢，但是它的样子太丑了。"客户口中说着这些话，眼神却始终不肯离开产品，这就说明他所说的并不是他的真实想法，而是借这种假象来获得销售员的让步。

2. 看客户提出的异议与产品的关系是否密切

当销售员向客户介绍关于产品的某些情况时，客户却突然问起与这毫无关系的问题，这种情况下，这个问题多半是客户不想购买的借口。比如：

销售员："太太，我们这种美容按摩器可以有效促进面部的血液循环……您看过××明星为我们产品做的代言吗？其实××已经50多岁了，但看起来却像是30岁的人……"

客户："广告都是经过后期制作才出现那么好的效果的，你亲自在拍摄现场看到××了吗？"

3. 观察客户听完异议解释后的态度

客户提出异议，当你对这些异议一一作答后，如果客户还表现出漫不经心的态度，甚至继续询问些不着边际的问题，那么，说明销售员还没有找出他的真实意图。

在实际销售中，客户很可能会隐藏自己的真实意图，甚至会表达出各种各样的借口。判断出真假异议之后，针对真的异议，销售员要采用相应的解决方式；而对假的异议，销售员则应该通过提问或旁敲侧击的方式来判断出客户的真实意图，从而更好地应对，做到有的放矢。

不要马上否定客户的异议

销售过程中，客户难免会对产品产生异议，甚至对产品存在某些误会。但无论客户说出什么样的话，销售员都不能直接反驳，否则会让客户很没面子，甚至与你大动肝火。如果客户所说的话是无关紧要的，销售员可以置之不理，继续交谈；如果客户对于产品或服务有误解，销售员则应该采取先肯定后否定的谈话方式委婉回应，如“您说的没错，但是……”即先同意对方的观点，然后再以一种合作的态度来阐明自己的观点。

销售情景：

某保健用品公司的销售员正在与客户沟通保健仪器的事。

销售员：“先生，您好！我是××保健仪器公司的销售员。您看，这是我们公司新研制的保健仪器，目前刚刚投入市场，非常受欢迎。它对腰椎、颈椎、肩膀都有很好的保健功效，特别适合有颈椎病的患者使用……”

客户：“请你等一下，你是哪个公司的？”

销售员：“我是××保健仪器公司的。原来您知道我们的牌子，那就更好了。您以前一定接触过吧？”

客户：“听说过，没敢接触。你们的产品谁敢接触啊！”

销售员：“您这话是什么意思？”

客户：“听说你们的产品经常出现质量问题，还出过一些事故呢！而且听你的介绍，价格也不便宜，我可不买这样的产品。”

销售员：“谁说的，我们的产品从来没有出过质量问题，我们的产品还出口呢，怎么可能有问题，真是的！”

客户：“谁不说自己的‘瓜’甜，质量再差的产品在你们的嘴里也能成为优质产品。你们的产品我不需要。”

销售员：“怎么会？您不能随便相信外面的传言啊。我们公司的产品是有质量保证的，您看这是产品质量鉴定书，还有获奖的宣传册……”

客户：“不用看了，用不着你来教育我，自己的产品有问题就不要到别人身上找原因。你还是走吧。”

销售员：“你这个人怎么这样不讲道理！”

分析：

案例中，这位销售员犯的最大的错误就在于直接反驳客户，与客户发生正面争执。假如他能以实事求是的态度倾听，用婉转迂回的方式沟通，销售结果恐怕大不相同。的确，对于客户的异议，若销售员直接否定客户，就如同用一把大刀将销售工作拦腰切断。一旦对客户直接反驳，销售工作将很难再开展下去，销售员再努力也无济于事。

在销售过程中，客户提出异议，这是很正常的，任何人在购买产品或服务的时候都希望能质优价廉，这也是阻碍我们销售进程的主要原因。客户的异议，有时候是真实存在的，但也有一些来自于客户对产品的不了解。特别是对于后者，一些不够理智的销售员和销售新手们很可能会直接反驳客户，表面上看这样直截了当地反驳客户是为了维护产品的信誉、纠正客户的观点，但实际上这样做无疑会流失客户。所以，销售员都应该借鉴上面例子中的教训，拿出耐心和诚意，心平气和地与客户沟通，这样才能让销售变得顺利。

那么，我们该如何温婉地否定客户的异议呢？

1. 先肯定客户的异议

使用先肯定后否定的迂回战术，销售员既表达了自己的观点，又不至于伤害与客户之间的关系，销售工作自然能够继续开展下去，这也是优秀销售员在面对客户提出异议时经常使用的方法。比如：

客户：“现在的学生根本不认真读书，连学校的课本都不愿读，哪里会看课外读物？”

销售员：“是啊，现在的孩子是不怎么喜欢读书。正是考虑到这点，我们在策划图书的时候力图形式新颖，内容丰富，争取让孩子们一见就能喜欢上它……”

对客户提出的反对意见先给予肯定，这种方式比较适用于那些客户提出的并不十分坚持的反对意见，这些意见大多是客户拒绝的借口，或者是产品上的一点小问题等。

2. 保持良好态度

“客户永远是上帝”，这是每个销售人员应该遵循的信条。的确，有时候客户的异议会让我们感到为难甚至不悦，但无论如何，我们都不要直截了当地否定，更不能与客户发生争执，而是要拿出销售员应有的热情和诚恳，耐心地与客户沟通，尽量在言语间表达自己的良好态度。语言组织得完整，更易于被人接受。

3. 用事实说话

很多时候，客户有异议，大多是因为听信了某些不实的传言，或者是一些自身认识上的原因。销售员对于这样的客户，最好的方法就是用事实来说话，用真实、准确、全面的知识和数据来说服客户，从而纠正客户的错误观点。

总之，不管客户存在什么样的异议，不管发生什么样的事情，销售员都不能直接反驳客户，而要使用正确的方法加以处理，体现出一名销售员应有的素质。

利用其他客户的真实案例打消新客户的疑虑

在销售过程中，无论是否最终购买，客户似乎总是会有这样那样的异议，甚至有时候，在洽谈伊始，销售员便会遭受一盆冷水。其实，这是因为客户对我们心存戒心、对我们不信任，认为销售员是为销售而销售。此时，如果有第三者出现并支持我们的产品、为我们说话，那么，客户对我们的信任度也会大大提高。所以，不妨利用“第三者介入”的方法来扭转客户拒绝的局面。

销售情景：

杰克是一家燃气公司的推销员。一天，他来到某小区，准备向准客户詹先生推销自己的产品。简单的介绍之后，詹先生的回答很让人失望。

“我没用过你们公司的产品，不敢相信你们，万一有个好歹，后悔都来不及。”

“詹先生，您多虑了，如果我们公司的产品真的出过事故，那么，我还会站在这里与您交谈吗？而且，产品的质量是我们推销最有力的武器。”

“这倒也是，不过口说无凭，我还是不敢相信你。”

“詹先生，您看，这是上半年我们公司的销售情况表……”说着，杰克便把一本销售目录拿出来给客户看。

詹先生一看，他所在的小区居然有一半以上的用户都是用杰克推销的燃气。为了确定杰克的推销目录的真实性，詹先生还拨通了这些邻居家的电话，最终证明杰克所说属实。于是，詹先生二话不说，购买了杰克的燃气。

分析：

从案例中，我们看到，杰克之所以能打消詹先生对产品质量的疑虑，说服詹先生购买自己的燃气，就是因为杰克出示了最有力的证据——销售情况表，其他客户的购买就是产品质量的最好证明。从这则案例中，我们可以发现巧借第三者的介入在消除客户疑惑中的重要作用。

研究表明，客户虽然有千万个借口对销售人员的推荐作出拒绝反应，但根源往往归结为习惯性使然。客户对产品存在异议，并不是因为客户真的对产品不满意，而是因为他们与生俱来的对新事物的防备心理。此时，只要我们主动采取措施，利用第三者的介入改变客户的态度，就能让客户信任我们，从而使客户产生购买欲望。

具体来说，我们可以这样做。

1. 让第三者帮你说话

如果有“第三者”为我们说话，客户的诸多疑虑很容易就能打消，因为在客户看来，“第三者”的利益和很多客户的利益是一致的。

在销售过程中，当客户对产品提出异议后，我们可以临场发挥，让销售现场的客户帮我们说话，比如，你可以这样询问其他客户：“请问您对我们的产品还满意吗？”

当然，在选择其他客户的时候，要尽量选择那些情绪佳、满载而归的客户，这样的客户才更容易给出我们所要的答案。

2. 向客户表明产品的畅销度

比如，在向客户推销产品时，客户对产品和销售员的话心存质疑，对此，你可以拿出产品的销售业绩表，对客户说：“这是我们上个月的销售一览表，我们的产品效果是获得了很多客户认可的。”

3. 向客户展示产品的权威性

我们除了可以表明产品的畅销度以外，还可以向客户展示产品的权威性。我们可以举出一些有影响力的实例来说明，比如，这样对客户说：“我们的产品你大可放心地去使用，××公司对产品质量的要求一向非常严格，我们公司就是他们的供货商。××公司是经过很长一段时间的考察最终选择了与我们公司合作的。现在，我们已经与这家公司合作了整整5年，从来没有出现过任何差错。虽然今天是第一次与贵公司合作，不过我相信我们一定能保持长期合作。”

但是，对于那些追求个性的客户，我们不要试图用其他客户来影响他们，他们往往会对销售人员所举的例子不屑一顾，即使再大的客户，再有影响力，再权威，他们也不会效仿。

当然，第三者介入法的运用在打消客户的疑虑上的确能起到有效的作用，但是也要注意讲究职业道德，不能靠拉帮结伙欺骗客户，否则会适得其反。

参考文献

[1]王宏.每天一堂销售口才课[M]北京：机械工业出版社，2013.

[2]吴文辉.销售口才实训[M]北京：中国经济出版社，2014.

[3]宫辉.销售口才实战技巧全集[M]北京：中国纺织出版社，2015.

[4]崔小西.销售口才与实战技巧[M]南昌：江西人民出版社，2018.